Regina Bestle-Körfer
Annemarie Stollenwerk

Sommer Sonne lacht uns an

Mit Kindern die Jahreszeiten erleben

CHRISTOPHORUS

Inhalt

1 Zur Einstimmung

Zauberhafte Sommerzeit

Die Sinne sind hellwach

Der Sommer ist der Höhepunkt des Wachsens und Blühens in der Natur, eine besondere Zeit für alles Schöne, an dem sich unsere Sinne nun erfreuen können. Sonnenschein von einem blauen Himmel, sattes Grün und leuchtende Farben entfalten sich in all ihrer Pracht. Saftiges Obst und frisches, knackiges Gemüse schmecken jetzt am intensivsten. Und auch die Nase kommt nicht zu kurz. Wenn wir die Augen schließen und schnuppern, weht uns der Duft von Sommerblüten, frisch gemähtem Gras und würzigen Gartenkräutern in die Nase. Wir lauschen dem

Wind in den Bäumen, dem Plätschern eines Baches und dem Rauschen des Meeres. Wir halten den Sommer in unseren Händen, wenn wir Blumen pflücken oder Obstkuchen mit reifen Sommerfrüchten backen. Unsere Füße spüren warmen, weichen Sand und kühles, erfrischendes Wasser. Mit wachen Sinnen sind wir dem Sommer auf der Spur.

Der Sommer lockt ins Freie

Aktivität und Bewegung bestimmen das Lebensgefühl und schenken uns Lebensfreude. Der Sommer lockt uns nach draußen zum Fahrradfahren und Wandern, zum Ballspielen, Hüpfen, Toben und Springen. Wir freuen uns am Sonnenschein und genießen den kühlen Schatten der Bäume, wenn es heiß wird. Wir fahren ins Blaue oder Grüne zum Picknicken. Die Tage sind lang und es wird erst spät dunkel. So laden uns auch die Sommerabende dazu ein, draußen zu sein, gemeinsam zu spielen, zu grillen und Feste miteinander zu feiern.

Erfrischendes Wasser

Wasser ist das bestimmende Element des Sommers. Wie kostbar und wichtig es ist, merken wir jetzt ganz besonders: Wenn es draußen heiß und trocken ist, schenkt uns Wasser angenehme Kühle und

belebt unsere Sinne. Pflanzen und Bäume freuen sich über ein kräftiges Sommergewitter mit rauschendem Regen, das die Schwüle der Luft klärt und den trockenen Boden mit lebensspendendem Nass versorgt. Zum Urlaubsgefühl gehört für viele das hautnahe Erleben des Wassers. Wir suchen und finden Entspannung beim Schwimmen, Tauchen, Paddeln, Surfen oder Segeln. Auch das Spielen im gluckernden Bach oder in den leise rollenden Wellen des Meeres gehört zu den besonderen Sommerabenteuern, denen Kinder nicht widerstehen können.

Laue Sommerluft

Warme Sommerluft streichelt unsere Haut. Wir genießen die lauen Sommerabende unter freiem Himmel, in der die Luft so unvergesslich sommerlich duftet. Vögel schwingen sich hoch in den sommerblauen Himmel. Schmetterlinge gaukeln in farbenfroher Zartheit über bunte Wiesen. Die Luft ist erfüllt von sommerlichen Gesängen, vom Summen, Brummen und Zirpen unzähliger Insekten.

Blühende Erde

Im Sommer gehen wir gerne hinaus ins Freie: In den blühenden Garten, den prächtigen Park, den schattigen Wald. Wir fühlen uns wohl in der Natur, wir genießen die Nähe zur Erde, die im Sommer ein buntes Kleid trägt. Blumen, Pflanzen und Bäume wachsen mit unbändiger Kraft in üppiger, verschwenderischer Fülle und Schönheit. Und die Erde verwöhnt uns mit leuchtenden Farben, himmlischen Düften und allerhand sommerlichen Genüssen.

Wärmendes Sonnenfeuer

Die Strahlen der Sonne verwandeln unsere Erde im Sommer in ein warmes, lebendiges Land. Wir tanken die Energie des Sonnenfeuers, fühlen uns kraftvoll, sprühen vor Aktivität und guter Laune. Auch das Gemüse in unseren Gärten, die Kräuter und Früchte, die reif für die Ernte sind, haben gesunde und lebenswichtige Sonnenenergie gespeichert. Die Sonne ist im Sommer das Element des Lebens, das seit Urzeiten Glück, Wohlstand und Lebenskraft verheißt.

Den Sommer genießen

Die Sonnenwärme kann so angenehm über unsere Haut streichen, dass sie besonders Erwachsene zu genießerischen Mußestunden im Liegestuhl einlädt. Auch Kinder lieben es, den Sommer in luftig-leichten Kleidern und Sandalen draußen zu verbringen. Mal in Bewegung, aber auch im Gras auf einer Decke liegend, träumen sie dort selbstvergessen mit den vorüberziehenden Wolken am Himmel einen schönen Traum.

Der Sommer schenkt uns freie Zeit – Ferienzeit. Zeit, die einmal ohne feste Termine verfügbar ist zum Spielen, Entdecken und Abenteuer erleben. Viele unvergessliche Sommererlebnisse entstehen oft erst im entspannten, ungeplanten Schlendern und Sich-treiben-Lassen. Wir möchten die Kinder und Sie in diesem Buch dazu einladen, den Sommer zu genießen, zu spüren und zu erleben, welche Sommerfreuden er uns bereitet, wie er unseren Seelen und dem Körper Gutes tut, wie wir Kraft schöpfen aus seiner Fülle und ansteckender Fröhlichkeit. Der Sommer wartet bereits vor unserer Tür, lassen wir also frische Sommerluft in unsere Häuser und Herzen hinein, denn Sommersonne lacht uns an.

2 Dem Sommer entgegen

Sommerklänge

Am 21. Juni ist Sommeranfang. Ein besonderer Tag, an dem es etwa 16 Stunden hell ist – es ist der längste Tag des Jahres und seine kürzeste Nacht. Wenn die Sonne in den kommenden Wochen all ihre sommerliche Kraft entfaltet, ihre wärmenden Strahlen schickt und ihr helles Licht spendet, bereitet sie uns alle Freuden und Erlebnisse des Draußenseins und hält in der Natur viele Überraschungen bereit. Im Sommersonnenschein sind unsere Sinne hellwach und wir fühlen uns betört von sommerlicher Leichtigkeit, Lebendigkeit und Vielfalt. Mit seiner Farbenpracht, seinen Früchten, Düften und Sommerklängen bereitet uns der Sommer eine wahre Augenweide, reine Gaumenfreuden und eine Sinfonie von Sommerdüften und -klängen. Wer möchte da nicht den Sommer in vollen Zügen genießen?

Sommergeräusche sammeln

Wenn wir an einem schönen Sommertag im Freien sind, spitzen wir die Ohren und können in der Natur allerhand erkunden und entdecken: das Wehen der Grashalme im Sommerwind, das Rascheln der Ähren im Getreidefeld, das Rauschen der Blätter im Wald, das Glucksen eines Bächleins, das Summen der Bienen und Hummeln auf einer Wiese, Vogelgezwitscher, das Zirpen von Grillen und Heuschrecken und an manchen heißen Sommertagen ein leises Donnern eines fernen Gewitters oder das plötzliche Stürzen eines warmen Regengusses, wenn sich ein Sommergewitter genau über uns entlädt.

Ein Entspannungsspiel oder eine Entspannungsmusik stimmt uns auf diese ruhige Aktion ein und bereitet uns darauf vor, offen für die Töne in der Natur zu werden. Wer hört auf unserem Geräuschesinnespfad den leisesten Sommerton?

Wie klingt der Sommer?

Die Grille zirpt mit hellem Ton,
der Kuckuck ruft im Wald,
die Mähmaschine rattert schon,
da wird das Korn nicht alt.

Die Bienen fliegen mit Gesumm
in ihre Lieblingsblüte,
die Kinder planschen wild herum
und tragen Sonnenhüte.

Schwalben schwirren übern Teich,
ein jedes fängt ein Mückchen gleich.
Mit einem Plups hüpft die Forelle
und fällt gleich wieder in die Welle.

Die Sommersonne brennt so heiß,
da wird es mittags mäuschenleis.
Vielleicht ein halbes Stündchen,
oder doch nur drei Sekündchen?

Regina Bestle-Körfer

Ein Sommergedicht mit Instrumenten

Wir versuchen mit Instrumenten Sommergeräusche zu erzeugen. Dazu machen wir uns zunächst mit den Instrumenten vertraut und können dann mit ihnen das Gedicht von den Sommerklängen begleiten. In der letzten Strophe werden alle Instrumente mäuschenstill, alle zählen leise bis drei, um dann mit ihren Sommerklängen fortzufahren und lustige, selbst erfundene Sommerlieder und Sommergeschichten zu spielen.

- Das Zirpen der Grillen können wir nachempfinden, wenn wir auf einem Glockenspiel die ganz hohen Töne mit einem Schlägel spielen.
- Das Wehen des Windes im Getreidefeld hört sich vielleicht an wie das Reiben der Hände über eine Handtrommel.
- Den Kuckuck spielen wir auf einem Xylophon und schlagen mit dem Schlägel im Wechsel einen hohen und einen tieferen Ton an.
- Mit der Ratsche rattern wir wie eine Mähmaschine.
- Das Summen der Bienen lässt sich sehr gut mit einem Kazoo nachahmen, oder indem wir ein dünnes Blatt Papier über einen Kamm legen und mit den Lippen Summgeräusche auf dem Kamm blasen.
- Planschgeräusche im Wasser können wir mit der Hand in einer Wasserschüssel erzeugen.
- Das Schwirren und Flattern von Vögeln und Insekten können wir auf einem Xylophon spielen, indem wir mit dem Schlägel über die einzelnen Stäbe von oben nach unten reiben.
- Der Plups eines kleinen Fisches im Wasser hört sich vielleicht an wie zwei kleine Zimbeln, die kurz aneinander geschlagen werden; für den Sprung eines großen Fisches brauchen wir dagegen zwei Becken.

Vom Hören

Jedes Kind hat eine sinnliche Neugier auf Klänge und Geräusche, ein Gefühl für die Töne des Lebens, die es bereits im Mutterleib aufnimmt. Das Entdecken und Erforschen der Klänge in der Natur sowie der Materialien Wasser, Stein, Metall, Papier, Holz usw. ermöglicht Kindern, musikalisches Interesse zu entwickeln. Klänge und Geräusche in ihrer natürlichen Umgebung wahrzunehmen, ist die Voraussetzung für jedes intensive Hinhören-Können. Auch die Fähigkeit, leise zu sein und konzentriert bei einer Sache zu bleiben, üben Kinder im spielerischen Umgang mit Klängen, Tönen und Instrumenten.

Hinaus ins Blaue

Wenn uns Ferienlaune packt

Alltag ade

Sommerzeit ist Ferienzeit, und für viele bedeutet das auch, in den Tag hinein leben und Freude daran haben, Neues und auch Fremdes kennen zu lernen. Die Sonne lockt uns aus dem Haus, hinaus in den Garten, die Natur, an den Strand, zu Freunden. Alles ruft danach, entdeckt und erlebt zu werden. Ferien und Urlaub stimmen uns unternehmungslustig und wir wollen den Alltag hinter uns lassen.

Wir öffnen uns neuen Eindrücken, Kontakten und besonderen Naturerfahrungen und tanken dabei neue Energie. Die Eindrücke und Erlebnisse bewahren wir wie in einer Schatzkiste in uns auf und können daraus auch noch am Ende der Ferien neue Kraft schöpfen. Auch für Kinder wird es zunehmend wichtig, in den Ferien einmal aus der leider so oft verplanten Freizeit auszubrechen, auf Entdeckungsreise zu gehen und Abenteuer zu erleben.

Mal hinaus ins Blaue fahren

Text: Annemarie Stollenwerk/Melodie: volkstümlich

1. Mal hi - naus ins Blau - e fah - ren, macht uns Spaß zur
Son - ne strahlt vom blau - en Him - mel, un - ser Fahr - rad -

Som - mers - zeit. steht be - reit. An ei - nem küh - len, glitz - ern - den

Ba - de - see gibt es ein Pick - nick, ruhn wir uns aus.

2) Mal hinaus ins Blaue fahren, macht uns Spaß zur Sommerszeit,
unser Ziel, ein Zauberwald, der ist zum Glück nicht allzu weit.
Durch grüne Blätter schimmert der Sonnenschein,
ein kühles Lüftchen hüllt uns sanft ein.

3) Mal hinaus ins Blaue fahren, macht uns Spaß zur Sommerszeit,
Meeresstrand und Wellen locken, nichts als Wasser weit und breit.
Sandburgen bauen, planschen und schwimmen,
mit hundert Muscheln gehn wir nach Haus.

Urlaubsschätze

Auf einer Decke oder einem Tablett breiten wir verschiedene Urlaubsschätze aus: Postkarten, Steine, Muscheln, Federn, Sand usw. Wir erzählen uns, wo wir die Schätze gefunden oder gekauft haben. Wir versuchen uns genau zu merken, welche Schätze vor uns liegen. Dann breiten wir ein Tuch über eine bestimmte Anzahl von Schätzen und zählen auf, woran wir uns erinnern können. Wer hat sich die meisten Gegenstände gemerkt?

Wenn ich ein Vogel wär ...

Unterm Sommerhimmel sitzen oder liegen wir im Kreis auf dem Boden, träumen ins Blaue und erinnern uns an besonders eindrucksvolle, lustige oder spannende Ferienabenteuer. Was würden wir am liebsten riechen, sehen, schmecken oder tun, wo würden wir jetzt am liebsten sein? Nacheinander erzählen wir und beginnen mit den Worten: Wenn ich wie ein Vogel/wie eine watteweiche Wolke hinaus ins Blaue schweben könnte, würde ich am liebsten …

Picknickkorb packen

Wir sitzen im Kreis und packen unseren Picknickkorb. Ein Kind beginnt: Ich packe unseren Picknickkorb und lege knackige Äpfel hinein. Das nächste Kind wiederholt das zuvor Gesagte und fügt etwas Neues hinzu, z. B.: Ich packe unseren Picknickkorb und lege knackige Äpfel und knuspriges Baguette hinein. Im Laufe des Spiels wird der Picknickkorb immer voller, die Wortreihe immer länger und das Merken immer schwieriger! Wenn sich ein Kind nicht mehr genau erinnert, was schon alles im Picknickkorb liegt, dürfen die anderen mit Andeutungen helfen.

Blaue Bilder

Mit Wachsmalstiften grundieren wir große Papierbögen in verschiedenen leuchtenden Farben. Dann bestreichen wir das Blatt mit dunkelblauer Plakafarbe und lassen es gut trocknen. Anschließend kratzen wir mit einem Stöckchen oder mit den Fingern die Farbe vorsichtig wieder ab und legen im Blau bunte Flächen frei, z. B. Wolken, Vögel, Bäume, Wälder, Wiesen und Felder, Straßen und Wege, Flüsse, Seen und Meere.

Traumwolken basteln

Aus weißem Tonpapier schneiden wir Wolkenformen aus und bekleben sie auf der Ober- und Unterseite mit locker auseinander gezupfter Watte. Auf die Wolken legen oder kleben wir kleine Figuren aus Papier, die wir bunt angemalt haben. Die Wolken hängen wir an dünnen Fäden hinaus in einen Baum, ans Fenster oder als Mobile mitten in den Raum. Dort können unsere Männchen sanft auf ihrer Wolke schweben und träumen.

Sommerfindlinge

Schätze des Sommers

Ein Findling geht auf Reise

Für dieses Stillespiel brauchen wir einige besonders große Muscheln, oder Schneckenhäuser, die eine gut fühlbare Oberflächenstruktur besitzen. Die Kinder sitzen im Kreis und geben eine Muschel oder ein Schneckenhaus von Hand zu Hand weiter. In der ersten Runde darf jedes Kind diesen Findling von allen Seiten betrachten und gibt ihn dann weiter. In der zweiten Runde halten wir unseren Findling ans Ohr und lauschen dem Rauschen von tief innen. In der dritten Runde ertasten wir mit geschlossenen Augen das Muster auf dem Findling mit den Händen. In der vierten Runde darf jedes Kind sich eine Kreide auswählen und die Spiral- oder Rundform unseres Findlings mit Kreide nachfahren. So verwandelt sich der Findling in einen bunten Schatz.

Sammelleidenschaft

Muscheln, die wir am Strand, und Schneckenhäuser, die wir in Wiesen, Wäldern und Feldern finden, sind Schätze, von denen Kinder begeistert sind und die sie in ihren Hosen- und Kleidertaschen in großer Zahl sammeln. Sie sind ein Geschenk der Natur, die an einen schönen Urlaubstag am Strand oder an einen Sommerspaziergang erinnern. Das Finden und Entdecken ist immer wieder ein sinnenreiches Abenteuer, bei der Kinder ihre Hände, Augen und Ohren gebrauchen und mit viel Gefühl Schätze bergen. Wie sehr sie sich in ihre Schatzsuche vertiefen können, sehen wir an ihren staunenden Augen beim Wühlen, Graben, Tasten, Suchen und Finden.

Muschelbilder im Sand

Im Sandkasten zu Hause oder direkt am Urlaubsstrand lassen sich mit gesammelten Muscheln Muschelbilder legen. Es können Tierfiguren gelegt werden oder Bilder aus einfachen Grundformen wie Sonne, Mond und Sterne usw. Die Bilder können zunächst mit einem Stock, einer Sandschaufel oder mit den Händen im Sand „vorgemalt" werden, bevor sie mit unterschiedlichen Muscheln ausgefüllt werden. Das Legen der Muster, insbesondere Kreis- und Spiralformen, hat meditativen und beruhigenden Charakter.

Urformen in der Natur

Auf Muscheln und Schneckenhäusern entdecken wir spiralförmige Strukturen, die es überall in der Natur gibt. Im unendlichen Kosmos gibt es die Spiralnebel, am Himmel die Wolkenwirbel, Winde, die sich als Wirbelstürme spiralig drehen, Wasserstrudel, die alles mit ungeheurer Kraft in ihre Mitte ziehen und erst am untersten Punkt in Spiralbahnen wieder nach oben frei geben. Die Spirale vereint zwei Kräfte miteinander: die Bewegung nach außen und die Konzentration nach innen auf einen Mittelpunkt hin. Bereits um 3000 v. Chr. erschienen in vielen Kulturen Spiralzeichnungen auf steinernen Grabhügeln. Man vermutet, dass sie das immer wieder aufblühende und absterbende Leben symbolisieren.

Im menschlichen Körper finden wir die Spirale beispielsweise in der Form unserer Ohrmuschel wieder. Die Nabelschnur, die die Mutter mit ihrem ungeborenen Kind verbindet, ist spiralförmig aufgebaut. Betrachten wir unsere Fingerkuppen, entdecken wir bei jedem Menschen einzigartige Spiralmuster.

Papiermuscheln

Auch aus Papier lassen sich schöne Muschelabdrücke herstellen. Dafür wählt jedes Kind eine Muschel aus, die es zuerst dick mit Fettcreme (z. B. Vaseline) einreibt. Danach werden viele Papierschnipsel aus Zeitungspapier oder weißem Seidenpapier gerissen oder geschnitten, die mit Kleister in 3 bis 4 Schichten auf die Oberfläche der Muschel verteilt werden. Die Schicht muss mindestens einen Tag lang trocknen. Wenn das Papier trocken ist, löst es sich dank der Fettcreme auf der Muschel leicht ab. Der Rand lässt sich mit einer Schere zurechtschneiden und wir halten einen Abdruck unserer Muschel in den Händen. Den Muschelabdruck aus Papier bemalen wir innen und außen mit weißer, deckender Farbe (Plaka- oder Acrylfarbe), lassen sie trocknen und tupfen zuletzt mit einem Schwamm oder Stofftuch orangefarbene, rote oder gelbe Muster auf unsere Muschel, um ihr Struktur und Tiefe zu verleihen. Diese Papiermuscheln können wir für Sandbilder verwenden oder wir kleben sie auf einen Bilderrahmen mit einem Urlaubsstrandfoto.

Schneckenhaus-Hüpfekästchen

Mit Straßenmalkreide malen wir ein Schneckenhaus auf den Boden, das sich in mehreren Bahnen nach innen windet. Wir können es in Felder einteilen und mit Zahlen versehen. Ein stabiles Schneckenhaus oder eine kleine harte Muschel ist unser „Hüpfestein", den wir beim Springen mit einem Bein von Feld zu Feld ins Innere des Schneckenhauses schieben müssen.

Schneckenhausblumentopf

Die Kinder formen aus einem großen Klumpen Ton ein großes Schneckenhaus, das sie innen wie ein richtiges Schneckenhaus weit aushöhlen. Die getöpferten, ausgehöhlten Schneckenhäuser lassen wir in einer Töpferei brennen. Die Kinder dürfen nach dem Brennen das Innere ihres Schneckenhauses mit Blumenerde füllen und mit einer Lieblingssommerblume bepflanzen.

3 Element Feuer

Lebenselixier Sonne

„Du bist schön und groß, glänzend und hoch über allen Landen. Deine Strahlen umfassen die Länder, bis zum Ende alles dessen, was du geschaffen hast; du bist die Sonne." Mit diesen Worten aus dem Sonnengesang von Armana stimmte schon im Jahr 1364 vor Christus der ägyptische Pharao Amenophis IV. ein Loblied auf die Sonne an. Seit Urzeiten symbolisiert das Himmelsfeuer der Sonne in allen Kulturen Glück, Wohlstand und Lebenskraft. Ihr Licht und ihre Energie sind der Ursprung für alles, was lebt. Wolken am Himmel sind das Werk der Sonne. Ohne Sonne gäbe es keinen Wind und keinen Regen. Pflanzen und Tiere könnten ohne die Sonne nicht leben, es gäbe keinen Mutterboden, alles wäre öde und leer. Auch wir Menschen brauchen das Licht der Sonne zum Leben. Ihre lebendige Energie nehmen wir in uns auf, wenn wir essen, was auf Äckern und Feldern, an Bäumen und Sträuchern gewachsen ist. Gerade im Sommer deckt uns die Natur in verschwenderischer Vielfalt den Tisch.

Sonne in der Kinderzeichnung

Bereits in den Zeichnungen von Kleinkindern finden wir die Darstellung der Sonne. Sie ist häufig eine der ersten Rundformen mit geschlossenem Kreis, denen Kinder eine Bedeutung geben. Ein paar unbeholfene Striche in alle Richtungen sind die Sonnenstrahlen und ein Gesicht bekommt die Sonne auch. Aus dem Bild strahlt sie uns so entgegen, wie das malende Kind sich gerade fühlt.

Mandala: Im Licht der Sonne

Wir überlegen gemeinsam, was im Licht der Sonne gewachsen ist und uns am Leben erhält. In der Kreismitte breiten wir dann ein gelbes Tuch aus und bringen – ohne dabei zu sprechen – verschiedene Pflanzen, Obst und Gemüse dorthin, die der Sommer für uns bereithält. Aus Sommerblumen, Wiesengräsern, Gurken, Zucchini, Paprika, Tomaten, Salat, Pfirsichen, Kirschen, Johannisbeeren, reifem Getreide etc. arrangieren wir ein großes Mandala. Einrahmen können wir unsere Sonne noch mit verschiedenen gelben Sommerblumen.

Große Sonne

Aus einem großen Luftballon, Kleister und gelbem Transparentpapier lassen wir eine strahlende Sonne entstehen. Wir pusten den Luftballon auf, knoten ihn zu und kleben etwa 4 bis 5 Lagen Transparentpapier auf, damit der Sonnenball stabil wird. Wenn das Papier ganz durchgetrocknet ist, können wir den Ballon entfernen und die entstandene Öffnung mit einer Schere etwas vergrößern. Wir schieben einen kleinen Drahtbügel in die Sonne, an dem wir sie später aufhängen können. Dann können wir die Sonne weiter ausgestalten: Wir schmücken sie mit einem Strahlenkranz aus gelbem Fotokarton und malen oder kleben ihr ein fröhliches Gesicht auf. An den Enden der Strahlen befestigen wir kleine Symbole aus Tonpapier, die für das stehen, was die Sonne uns schenkt: Licht, Wasser, Wärme, gute Laune, einen Regenbogen, Blumen, Obst, Gemüse usw. Anschließend hängen wir die Sonnen in einen Baum, eine Hecke oder an die Zimmerdecke, wo sie mit ihrem leuchtenden Gelb Sommerlaune verbreitet.

Die Kraft der Sonne

Mit dieser Körperübung helfen wir Kindern, sich zu entspannen, zur Ruhe zu kommen und aus der Ruhe neue Kraft zu schöpfen. Die Kinder brauchen eine Unterlage (Decke oder Matte), bequeme Kleidung und ausreichend Platz. Auch draußen im Sommersonnenschein lässt sich diese Übung gut durchführen.

- Zur Einstimmung auf die folgende Körperübung können wir ein kleines Ritual einführen, z. B. eine bestimmte Flöten- oder Gitarrenmelodie spielen, gemeinsam ein Lied summen oder eine Klangschale anschlagen. Nach diesem Anfangsritual folgt eine Aufwärmphase. Dazu springen wir beispielsweise wie ein Hampelmann, erst langsam, dann immer schneller oder wir reiben unseren ganzen Körper mit der Hand kräftig ab, als müssten wir uns abtrocknen. Wenn sich die Haut angenehm warm anfühlt, können wir mit den eigentlichen Übungen beginnen.

- Wir setzen uns in den Schneidersitz. Unsere Handflächen legen wir vor der Brust zusammen. Wir schließen die Augen und stellen uns vor, dass wir die Sonne in unseren Händen halten. Wir atmen durch die Nase ein und strecken die Arme hoch über den Kopf. Beim Ausatmen senken wir langsam die Arme und beschreiben dabei einen großen Kreis. Die Finger spreizen wir dabei; es sind die wärmenden Sonnenstrahlen.

- Dann stellen wir uns ganz locker hin, die Arme hängen entspannt herunter. Wir grätschen die Beine etwa schulterbreit, dabei zeigen unsere Zehenspitzen etwas nach innen. Wir strecken unsere Arme aus und führen sie langsam in einem großen Kreis nach oben, bis sich unsere Handflächen berühren. So halten wir etwa fünf Sekunden inne, dann drehen wir die Handflächen nach außen und senken die Arme wieder langsam nach unten.

- Zum Schluss der Übung setzen wir uns in den Fersensitz und strecken die Arme lang nach vorne aus. Wir atmen ruhig und gleichmäßig ein und aus. Dann strecken wir die Arme nach hinten und legen sie mit den Handflächen nach oben neben uns. Wir neigen uns vor und die Stirn berührt den Boden. So verharren wir eine Weile, ehe wir uns langsam wieder aufrichten.

13

Vom Zauber der Sonnenwende

Die Sonne feiern

Ein altes Ritual

Der Sommer war früher die Zeit der harten bäuerlichen Arbeit. Es blieb wenig Gelegenheit zum Feiern und Ausruhen. Das Fest der Sommer-Sonnenwende gilt jedoch als Sommerfestlichkeit mit reichem Brauchtum. Die hell brennenden Sonnenwendfeuer in dieser Nacht sollten die Wetterdämonen (Hagel und Blitzschlag), die eine reichhaltige Ernte bedrohen könnten, vertreiben. Sprünge über das Sonnenwendfeuer sollten Unheil abwenden. Im geschlossenen Kreis um das Feuer zu tanzen, sollte Glück bringen. In Skandinavien haben die Feiern der Sonnenwende (auch „Midtsommer" oder „St. Hansdagen" genannt) bis heute besondere Bedeutung, da es in der Nacht des 24. Juni im hohen Norden nicht dunkel wird. Auf großen Flößen werden dort Sonnenwendfeuer entzündet, deren lodernde Flammen sich im Wasser der vielen skandinavischen Seen spiegeln.

Johannisbräuche

Seitdem der Gedenktag Johannes des Täufers auf den 24. Juni gelegt wurde, hat Johannes im christlichen Kulturkreis vielen Sonnenfeierlichkeiten und Sonnenbräuchen seinen Namen verliehen. So kennen wir die Sonnenwendfeier auch als Johannisnacht, das Johannisfeuer, das Johanniskraut sowie die Johannisbeeren, die zu dieser Zeit geerntet werden.

Mittsommerkränze

In vielen Gegenden ist es zur Sonnenwende Brauch, Kränze aus sieben oder neun verschiedenen Kräutern zu binden. Sie werden an Türen und Fenster gehängt und sollen Glück bringen. Johanniskraut, die gelbe Blüte mit dem roten Blütensaft, gehört unbedingt dazu. Wir sammeln mit den Kindern Blumen am Wegesrand, z. B. Kornblumen, wilden Mohn, Margeriten, Kamille usw., und binden daraus einen Mittsommerkranz. Vielleicht lernen wir beim Blumensammeln auch das Johanniskraut kennen. Wenn wir die gelben Blüten zwischen den Fingern zerreiben und wenn sie sich rot-violett verfärben, haben wir echtes Johanniskraut für unseren Mittsommerkranz gefunden.

Sonnenbegrüßungsfeier

- Wir begrüßen die Sonne mit einer kleinen Sonnenfeier. Die Kinder malen mit Kreide eine große, leuchtend gelbe Sonne vor die Haustür und können sie in der Mitte mit gesammelten Blütenköpfen von Gänseblümchen und Löwenzahn schmücken.
- Bei schlechtem Wetter legen wir drinnen eine große gelbe Sonne aus kleinen gebastelten Papiersonnen.
- Die Kinder malen kleine Tontöpfe gelb an. Wenn die Farbe getrocknet ist, füllen sie Erde ein und legen einen Blumensamen in die Erde. Sie basteln eine kleine Sonne, die sie auf einen Schaschlikspieß kleben und in ihren Tontopf stecken.
- Die Kinder stellen ihre Töpfe in den Sonnenkreis. Alle Kinder stehen Hand in Hand um die große Sonne herum und singen gemeinsam ein Sonnenbegrüßungslied.

Sonnentanz

Für einen Sonnentanz bilden wir einen Innen- und einen Außenkreis. In den Innenkreis legen wir einen geflochtenen Mittsommerkranz. Es finden sich immer zwei Kinder, die sich paarweise gegenüber innen und außen aufstellen. Sie erhalten ein gelbes Stoffband oder Tuch, das sie wie ein Sonnenstrahl miteinander verbindet. Jetzt tanzen alle Kinder gemeinsam in eine Richtung und singen auf die Melodie von „Brüderchen komm tanz mit mir, beide Hände reich ich dir" folgenden Vers:

1. Sonnenstrahl im Sommerland
reich mir deine warme Hand.
Einmal hin, einmal her,
rundherum, das ist nicht schwer.
2. Sonnenstrahl, du bist so schön,
heute woll'n wir tanzen gehn.

Einmal hin, einmal her,
rundherum, das ist nicht schwer.
3. Die erste Strophe wird wiederholt.
Bei der Zeile „Einmal hin, einmal her" wippen die Kinder im Wiegeschritt auf der Stelle hin und her. Bei „rundherum, das ist nicht schwer" legen sie das Band auf den Boden und jedes Kind dreht sich um sich selbst.

Schwimmende Mittsommerkränze

In Anlehnung an die Taufe nahm man früher am Johannistag ein Johannibad, das neue Kraft schenken sollte. Das Element Wasser, das Leben spendet, gehört neben den Johannisfeuern zu allen Sonnenfeierlichkeiten dazu. Wir können unseren Mittsommerkranz am Ende unserer Sonnenfeier bei einem Sommerspaziergang einem Fluss oder Bach übergeben und unsere guten Sommerwünsche auf eine Wasserreise schicken.

Sonnenwunder aus vergangener Zeit

In vielen alten Kulturen wurde der Lauf der Gestirne beobachtet, beschrieben und mit Bedeutung und kultischen Handlungen verknüpft. Insbesondere der Sonne als auffälligste Himmelserscheinung wurden viele Rituale und Stätten der Verehrung geschaffen. Die keltische Steinanlage in Stonehenge (England) etwa beweist, dass ihre Erbauer bereits um 2000 vor Christus über ein besonderes astronomisches Wissen verfügten. Sie ordneten die Steinstelen so an, dass genau zum Zeitpunkt der Sommer-Sonnenwende die aufgehende Sonne durch die Hauptachse der steinernen Riesen scheint. Ein Schauspiel, das jedes Jahr viele Menschen in Stonehenge feierlich erwarten. Auch in Ägypten gibt es einen Tempel, der als das „Sonnenwunder von Abu Simbel" bezeichnet wird, weil nur zur Zeit der Sonnenwende, bei Sonnenaufgang, Licht in das Allerheiligste des Tempelinnersten fällt.

15

Licht und Schatten

Schattenspiele

Wo Licht ist, ist auch Schatten

Überall, wo Lichtstrahlen die Erde berühren, entstehen auch Schattenbilder. Im Sommer bei uneingeschränkter Sonneneinstrahlung können wir das lebendige Spiel der Schatten sehr gut beobachten. Die Sonnenstrahlen treffen zu jeder Tageszeit aus einer anderen Himmelsrichtung auf die Erde und die Schattenbilder scheinen zu wandern. Wir können beobachten, wie sich ihre Größe und Form im Laufe eines Tages verändern. Älteren Kindern können wir von der Drehung der Erde, die für die Schattenwanderung verantwortlich ist, erzählen.

Eine Sonnenuhr bauen

Die Wanderung des Schattens lässt sich an einer Sonnenuhr genau beobachten. Für den Bau einer eigenen Sonnenuhr stecken wir einen Holzstab in einen Eimer mit Erde oder Sand und stellen diesen Eimer an einen Platz, der den ganzen Tag Sonne hat. Wir kreisen diesen Standort des Eimers mit Farbe ein, damit er immer an der gleichen Stelle steht. Der Boden um den Eimer ist das Uhrenzifferblatt, der Holzstab ist der Sonnenuhrenzeiger. Wir verfolgen den Lauf des Schattens, den der Holzstab auf den Boden wirft. Zu jeder vollen Stunde malen wir an die Spitze des Holzstabschattens einen farbigen Punkt und legen die Zahl der entsprechenden vollen Stunde mit bemalten Steinen vor den Farbpunkt. Am Ende des Tages haben wir eine Sonnenuhr gebaut. Wenn wir unseren Eimer mit dem Holzstab am nächsten Tag an der markierten Stelle platzieren, zeigt unsere Sonnenuhr im Sommersonnenschein wieder verlässlich die vollen Stunden an.

Mein Schatten ist mein Freund

 Wir machen uns auf Schattensuche. Wie sieht mein Schatten aus? Kann ich ihn nicht nur sehen, sondern auch anfassen oder streicheln? Wie fühlt er sich an? Ist er warm oder kalt? Welche Farbe hat mein Schatten?

 Ein Kind stellt sich in einer selbst ausgedachten Position so ruhig hin, dass sich sein Schatten nicht mehr bewegt. Ein anderes Kind malt mit

16

Kreide oder mit Farbe den Schattenumriss auf den Boden. Dann kann das Kind seinen eigenen Schatten bunt anmalen und seinen Namen darunter schreiben.

- Immer zwei Kinder finden sich zusammen. Sie entwerfen lustige Schattenbilder, indem sie sich hinter- oder nebeneinander stellen. Mit dem Spiel ihrer Arme und Beine werden sie ein wilder Drache, ein gespenstisches Ungeheuer oder ein Tier.

Schattenfangen

Auf den eigenen Schatten zu treten, hat etwas Faszinierendes. Kinder machen die Erfahrung, dass dieses schwarze Abbild ihres Körpers ein sehr lebendiges und flinkes Wesen ist, das sich nicht so leicht einfangen oder festhalten lässt. Auch den eigenen Kopf mit dem Fuß zu erwischen stellt eine lustige Herausforderung dar.

Wir können ein Fangspiel spielen, das Schattenfangen heißt. Dafür wird ein Kind als Schattenfänger bestimmt. Es muss die anderen Kinder fangen, indem es mit dem Fuß auf ihren Schatten tritt. Jedes gefangene Schattkind wird selbst zum Schattenfänger. Vor dem Spiel wird ein Schattenbaum als Fluchtpunkt vereinbart, in dessen Schatten man nicht gefangen werden kann.

Schattenspringen

Für dieses Wettspiel bilden wir 2 Mannschaften mit je 5 bis 8 Kindern. Die Kinder einer Mannschaft stellen sich nicht zu eng nebeneinander auf. Sie stehen mit dem Rücken zur Sonne und können ihre Schattenbilder vor sich auf dem Boden sehen. Auf ein Startzeichen beginnt das erste Kind jeder Mannschaft, die Schatten der anderen Kinder seiner

Mannschaft mit geschlossenen Beinen zu überspringen. Wenn es den letzten Schatten übersprungen hat, stellt es sich wieder in die Reihe und das zweite Kind beginnt mit seinen Schattensprüngen. Alle Kinder einer Mannschaft springen der Reihe nach und die Mannschaft, die am schnellsten wieder in der Anfangsreihenfolge steht, ist Sieger im Schattenschnellsprung.

Sommerschattentheater

An einem strahlend blauen Sommertag, wenn kein Wölkchen sich am Himmel zeigt, können wir ein spannendes Sommerschattentheater spielen. Dazu spannen wir im Garten eine Schnur zwischen zwei Bäume und befestigen an der Schnur ein weißes Laken. Das Laken muss so ausgerichtet sein, dass es genau von der Sonne beschienen wird. Die SchattenspielerInnen stehen auf der sonnigen Seite, möglichst nahe am Laken. Die Zuschauer sitzen im Schatten des Lakens und können die Schattenbewegungen genau verfolgen.

- Für unser Schattentheater wählen wir ein paar Requisiten mit besonderen Umrissen aus. Damit erzielen wir auf der Schattenleinwand spannende Effekte und können die spielenden Figuren des Schattentheaters gut voneinander unterscheiden.

- Wir können auf dieser Schattenleinwand auch viele Schatträtsel aufgeben. Jedes Kind darf einen Gegenstand aus einem Korb auswählen und hinter die Schattenleinwand halten. Die anderen Kinder raten: z. B. ein Apfel, eine Banane, ein Tannenzapfen, ein Kastanienblatt, ein Ahornblatt, eine Blume, eine Gartenharke, ein Spaten usw.

Sommerhitze

Wenn heiß die Sommersonne brennt

Hundstage

Mitte Juli beginnen die Hundstage. Das sind die besonders heißen Sommertage, an denen die Sonne so stark vom Himmel brennt, dass sich Menschen und Tiere vor allem um die Mittagszeit gerne im Schatten oder auch im kühlen Haus ausruhen. Die „Hundstage" haben ihren Namen aus der Sternenkunde, da ab dem 23. Juli der Stern Sirius aus dem Sternbild des Hundes täglich mit der Sonne aufgeht. In den Nächten zwischen Juli und August strahlt Sirius als hellster Stern über dem Sommernachthimmel. Eine alte Wetterregel sagt: Steigt der Hundsstern mit Gluthitze auf, endet er auch mit Sonnenfeuer.

Sonnenenergie

Die Sonne besteht aus glühenden Gasen und schickt jeden Tag 400 Billionen Kilowattstunden Energie zur Erde. Diese Sonnenenergie lässt sich vielfach zur Energiegewinnung nutzen. Solaranlagen zur Wassererwärmung oder zur Stromgewinnung im eigenen Haus sind bereits vielerorts in Gebrauch. Kinder kennen vielleicht Spielzeuge oder Taschenrechner, die von Solarzellen gespeist sind. Folgende Experimente lassen uns die wärmende Kraft der Sonne spüren:

 Wir legen verschiedene Materialien zur gleichen Zeit in die Sonne, z. B. Papier, Stein, Holz, Stoff, Plastik Metall, Wasser usw. Wie fühlt sich das Material an? Welches Material verändert sich in der Sonne?

Wir sortieren die Gegenstände nach ihrer Fähigkeit, Sonnenwärme aufzunehmen und zu speichern. Wir erfühlen die Temperaturunterschiede mit den Händen oder halten sie an unsere wärmeempfindlichen Wangen. Welcher Gegenstand hat am meisten Sonnenenergie in sich gespeichert?

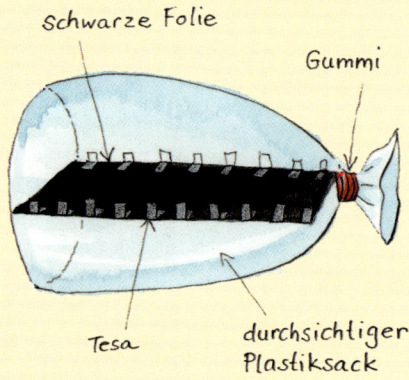

schwarze Folie

Gummi

Tesa

durchsichtiger Plastiksack

Fliegende Solartüte

Wir kleben ein großes Stück schwarzes Kohledurchschlagpapier in einer dünnen, durchsichtigen Plastikmülltüte mit Klebeband fest. Die Tüte wird mit Luft gefüllt und mit einem Gummi verschlossen. Dann legen wir die Tüte in die Sonne und können nach einer Weile einen unsichtbaren Zauber beobachten. Die Tüte erhebt sich plötzlich lautlos und schwebt davon.

Erklärung: Die Luft in der Tüte wird durch die Sonnenbestrahlung des schwarzen Kohlepapiers erhitzt. Jetzt ist die Luft in der Tüte wärmer als außen. Da warme Luft leichter ist als kalte Luft, kann die warme Tüte fliegen.

18

Wie die Schildbürger die Sonnenstrahlen einfangen wollten

Die Schildbürger hatten ein Rathaus gebaut. Als sie damit fertig waren, blieb es drinnen stockfinster, weil sie die Fenster vergessen hatten. Da keiner wusste, was zu tun war, berieten sie lange hin und her, bis einer auf eine Idee kam: „Liebe Mitbürger von Schilda. Wir sollten das Sonnenlicht in Säcken und Eimern ins Rathaus tragen und uns einen tüchtigen Sonnenvorrat anlegen, dann brauchen wir die Fenster nicht." Die anderen Schildbürger waren einverstanden, und zur Mittagszeit, als die Sonne am höchsten stand, kamen sie vor dem neuen Rathaus zusammen. Sobald die Glocke zwölf geschlagen hatte, fingen alle an zu arbeiten. Sie hatten große Säcke mitgebracht, die ließen sie voll Sonne scheinen, bis sie von oben bis unten mit Licht angefüllt waren. Sie rannten damit ins dunkle Rathaus und leerten sie aus. Andere machten es ebenso mit Töpfen, Kesseln und Tassen. Einer war so schlau, er lud die Sonnenstrahlen mit einer Heugabel auf einen

Schildbürger

Die Schildbürgergeschichten stammen aus einer anonymen Sammlung aus dem 16. Jahrhundert und beschreiben in einem Narrenbuch (Lalebuch) die Streiche und Dummheiten der Bürger von Schilda, einer erfundenen Kleinstadt.

Bollerwagen. Ein anderer schaufelte sie in einen Wäschekorb. Und ein ganz besonders listiger Schildbürger fing das Sonnenlicht in einer Mausefalle. So arbeiteten sie von Mittag bis Sonnenuntergang, bis sie vor Müdigkeit beinahe umfielen. Abends gingen sie in freudiger Erwartung in ihr Rathaus hinein und dachten, es müsste dort nun strahlend hell sein. Ach, wie enttäuscht waren sie, als es stockdunkel blieb. Traurig gingen sie nach Hause und verstanden ihr Pech nicht.

Volksschwank aus dem Lalebuch

Vom Funkeln und Leuchten

Unterwegs durch die Nacht

Wie der Sternenhimmel entstand

Es gibt viele Erzählungen, Mythen und Geschichten über die Entstehung des Sternenhimmels und der Gestirne. Die Navajo-Indianer erzählen ihren Kindern diese Geschichte: Vor langer, langer Zeit beschlossen die Geister, für jedes Tier auf der Welt ein Sternbild am Himmel zu erschaffen. Sie sortierten alle Sterne auf einer Decke und legten die schönsten Bilder in den Himmel. Der Kojote kam vorbei und wollte wissen, wo sein Bild sei. Aber es war noch nicht fertig. Da wurde er wütend und schüttelte die Decke so, dass alle Sterne nach oben geschleudert wurden. Dann bekam der Kojote Hunger und wollte sich bei den Geistern des Südens eine Tortilla – einen Maisfladen – stibitzen, aber er wurde dabei erwischt. Er rannte quer über den Himmel und zog eine breite Spur aus Asche hinter sich her, die Milchstraße.

Ein lauer Sommerabend

Wenn ein Sommertag zu Ende geht und sich langsam die Dämmerung ausbreitet, steigt aus Wiesen und Wäldern ein würziger Duft auf. Die warmen Sommerabende und Nächte sind voller Leben und es lohnt sich, einmal im Dunkeln hinauszugehen und die Natur bei Nacht zu entdecken. In der Begleitung vertrauter Erwachsener wird ein solcher Ausflug für Kinder zu einem besonderen Erlebnis und einer einmaligen Sinneserfahrung. Anders als am Tag müssen wir uns mehr an Geräuschen und Gerüchen orientieren. Jedes Knacken, jeder Laut wird viel intensiver als im Hellen wahrgenommen. In der Ruhe der Nacht verändern sich auch gewohnte und bekannte Wege und Räume und fordern unsere volle Aufmerksamkeit. Farben verlieren ihre Leuchtkraft und unsere Augen müssen sich langsam an das Dunkel gewöhnen. Natürliche Lichtquellen in der Nacht sind der Mond und die Sterne, die wir im Wald oder von einer Wiese außerhalb der Stadt besonders gut beobachten können.

Mondschatten

Wenn der Mond am Himmel steht und mit seinem kühlen, silbrigen Licht die Nacht erhellt, können wir draußen Geheimnisvolles entdecken. Wir betrachten Bäume, Sträucher und Hecken, die im Mondenschein wie verwunschene Gestalten oder Gespenster aussehen, wir beobachten Schatten, die das Mondlicht wirft, wir schauen, wie die Stimmung sich verändert, wenn Wolken aufziehen und sich vor den Mond schieben, wir staunen über den großen runden Vollmond usw.

Lauschen

Im dämmrigen Dunkel der Nacht verändern sich Geräusche. Wir teilen uns in zwei kleine Gruppen auf. Die eine versteckt sich hinter einer Hecke oder einer Baumgruppe und erzeugt verschiedene Geräusche, z. B. Nase putzen, Äste durchbrechen, an

Rinde kratzen, Steine aneinander schlagen. Die andere versucht herauszufinden, woher die Geräusche stammen. Nach einer gewissen Zeit tauschen die Gruppen ihre Rollen.

Funkelnde Wegweiser

Wir bekleben runde Bierdeckel mit Alufolie und befestigen sie in unterschiedlicher Höhe an Ästen und in Sträuchern. In der Dämmerung oder im Dunkeln gehen wir los und versuchen, mit einer Taschenlampe die funkelnden Wegweiser und somit den Weg durch die Dunkelheit zu finden.

Variante: Aus Gold- oder Silberfolie können wir auch Monde und Sterne ausschneiden und sie auf eine lange Kette fädeln. Im Schein der Taschenlampe weisen auch sie uns den Weg durch die Nacht.

Nachtfalter anlocken

Nachtfalter fliegen auf Licht. In einem Strauch oder einer Hecke befestigen wir ein weißes Tuch, das wir mit einer hellen Lampe anstrahlen. Schon bald werden wir die ersten Gäste beobachten können. Auch mit einer süßen Mischung aus einem Teelöffel Honig, einem Teelöffel Zucker und einer Prise Salz können wir Nachtfalter anlocken, die sich wie die Schmetterlinge am Tag vom Nektar der Pflanzen ernähren. Unseren Nektar geben wir in eine flache Schale oder wir tränken Rohwolle oder Wattebäusche mit der Mischung und stecken diese an kleine Baumäste oder in eine Hecke. Wir beobachten, ob Falter angeflogen kommen und wie sie sich am Nektar bedienen.

Leuchtkäfer

Um die Sommersonnwende herum findet man an Waldrändern, in Gebüschen und Gärten manchmal wundersame kleine Käfer. Es sind kleine Leuchtkäfer. Der Volksmund nennt sie auch Glühwürmchen oder Johanniskäferchen. Die dämmerungs- und nachtaktiven Käfer sind im Dunkeln mit einem grünlich leuchtenden Licht zu sehen. Die Käfermännchen sind auf der Suche nach den flugunfähigen Weibchen, die auf dem Gras oder den Blättern der Bäume wie kleine grüne Glühbirnen wirken.

Der Legende nach war das Johanniskäferchen dabei, als die Engel auf den Feldern Bethlehems die Geburt Jesu verkündeten. Vom Glanz des Kindes so beeindruckt, soll sich das Johanniskäferchen nichts sehnlicher gewünscht haben, als den Blumen und Tieren davon zu erzählen. Da es im Winter viel zu kalt zum Ausfliegen war und es Sorge hatte, man könne ihm die Geschichte im Sommer nicht mehr glauben, schenkte ihm ein Engel ein Lichtfünkchen aus seinem Strahlenkranz und setzte es zwischen seine Flügel. Seither fliegt das Johanniskäferchen jedes Jahr zu Johanni und erzählt wie Johannes von Jesus.

Glühwürmchen-Laternen

Wir blasen längliche Miniluftballons auf, knoten sie fest zu und bekleben sie mit braunen Transparentpapierschnipseln in 2 bis 3 Schichten. In der Mitte des Luftballons arbeiten wir einen breiten Streifen grünes Transparentpapier ein. Nach dem Trocknen schneiden wir in die Oberseite eine kleine Öffnung und entfernen den Luftballon. Durch diese Öffnung können wir später die Glühbirnchen einer Lichterkette stecken. Auf den Körper des Glühwürmchens kleben wir braune Tonpapierflügel und am Kopf befestigen wir kurze Pfeifenputzerstücke als Fühler.

Im Garten

der Sonne

Sonnenblumen und Blumensonnen

Sonnengesichter

Eine alte Legende erzählt, dass bei Erschaffung der Welt die Sonne unzufrieden war, alleine am Himmel zu strahlen. Neidisch schaute sie auf den Mond, den nachts tausend Sternen umgaben und der sein Gesicht in Bächen und Seen spiegeln konnte. Die Sonne wünschte sich nichts sehnlicher als auf Erden auch ein Spiegelbild zu haben. Gott erfüllte ihr diesen Wunsch und ließ eine Blume mit einer großen Blütensonne wachsen, die sich den ganzen Tag zur Sonne hin dreht. Seither spiegelt sich das Gesicht der Sonne in dieser Blume, der die Menschen den Namen Sonnenblume gegeben haben.

Sonnenblumen kannten schon die Inka-Indianer in Südamerika. Sie säten dort jedes Jahr die Samenkerne der größten Blüten aus, um noch größere Blüten zu Ehren ihres Sonnengottes wachsen zu lassen. Bei uns gibt es heute Sonnenblumensamen für viele verschiedene Sorten, Farben und Größen.

Rätselgedicht

In unserem Garten steht ein Riese
im Blumenbeet, am Rand der Wiese.
Guckt über Zäune, über Hecken,
kann sich vor niemandem verstecken.
Auf seinem Kopf trägt er 'nen Kranz
von leuchtend gelbem Sonnenglanz,
wiegt sich im Wind sanft hin und her
und lockt die dicken Hummeln her.
Der Riese war mal winzig klein,
wer ist das nur, was kann das sein?

Annemarie Stollenwerk

Auf der Suche nach Sonnenblumen-riesen

Wir machen uns auf Entdeckungsreise. Im August und September wachsen in vielen Vorgärten verschieden große Sonnenblumen. Vielleicht gibt es ganz in der Nähe auch ein Sonnenblumenfeld. Wir versuchen herauszufinden, wo die größte Sonnenblume steht (einen Zollstock mitnehmen) und wo die größte Blüte gewachsen ist.

Sonnenblumenlabyrinth

Im Frühsommer säen wir in Blumenkästen und großen Töpfen oder Kübeln Sonnenblumensamen. Dabei können wir aus einer Fülle verschiedener Sorten und Züchtungen auswählen: groß- und kleinwüchsige, einfache und gefüllte Blüten, verschiedene Gelb- und Orangetöne. Wem das Säen zu zeitaufwändig ist, kann auch auf dem Markt oder beim Gärtner vorgezogene Sonnenblumen kaufen. Mit den Kästen und Töpfen gestalten wir ein kleines Labyrinth, indem wir Wege anlegen, durch die wir später laufen können. Auch in Spiralform können wir die Töpfe anordnen und dann durch eine Sonnenblumenschnecke laufen. Wir können uns aber auch in einer sonnigen Ecke einen Sonnenblumengarten anlegen und die verschiedenen Töpfe um eine gemütliche Decke oder ein kleines Stück Rasen herum anordnen – ein Plätzchen für sonnengelbe Sommerträume!

Tanz der Sonnenblumen

Aus braunem Tonkarton schneiden wir Kreisformen aus, die unser Gesicht ganz verdecken. In den Karton schneiden wir in Augenhöhe zwei kleine Gucklöcher und bemalen oder bekleben das Braun dann mit Sonnenblumenkernen. Aus gelbem Tonkarton schneiden wir anschließend verschieden große gelbe Blütenblätter und befestigen sie mit Klebstoff an der Grundform. Mit einem Gummiband, das auf unsere Kopfgröße eingestellt ist, können wir uns die Sonnenblumenmaske anziehen.

Mit den selbst gebastelten Sonnenblumenmasken oder geschminkten Sonnenblumengesichtern, mit gelben Seidentüchern oder Kreppbändern, die wir an Gymnastikreifen knüpfen, können wir uns kleine Tänze ausdenken. Begleitet und musikalisch ausgestaltet werden die Tänze mit verschiedenen Rhythmusinstrumenten wie Glöckchen, Tamburin, Glockenspiel, Klanghölzern und Rasseln.

Sonnenblumenzimmer

Angeregt von einem Strauß Sonnenblumen in einer Vase oder nach Betrachtung der Sonnenblumengemälde von Vincent van Gogh malen wir auf großformatigem Papier leuchtende Sonnenblumen, mit denen wir später flächendeckend ein kleines Zimmer oder eine Ecke des Raumes „tapezieren" können. Das Leuchten der gelben Sonnenblumen wird uns auch an regnerischen Sommertagen fröhlich stimmen.

Sonnenblumenfenster

Gelbe Wasser- oder Plakafarben vermischen wir mit einigen Spritzern Spülmittel. Mit dieser Mischung kann man auf sehr glatten Oberflächen malen, z. B. auf Glas, Kunststoff, Porzellan oder Lackkarton. Wir lassen an Fensterscheiben riesige Sonnenblumen entstehen. Solange die Farbe noch nass ist, können wir mit den Fingern, mit einem Ästchen oder einem Pinsel Muster in unser Bild malen.

4 Element Wasser

Wilde Wasserspiele

Wasser ist das Element des Sommers. An heißen Sonnentagen schenkt uns das Wasser belebende Kühle, Erfrischung und Entspannung. Es weckt unsere Lebensgeister. Am Meer, im Schwimmbad, an einem See oder am Bach, im Planschbecken und unterm Gartenschlauch – überall dort, wo Wasser fließt, tröpfelt, spritzt und strömt, fühlen Kinder sich nun wohl. Die unendlichen Spiel- und Erfahrungsmöglichkeiten, die das Wasser im Sommer bietet, lockt Kinder zu schöpferischem Tun: Sie bauen Staudämme, füllen Becher und Eimer, um sie an anderer Stelle wieder auszuschütten, vermischen Sand und Erde mit Wasser, matschen, planschen, spritzen und genießen dabei mit allen Sinnen die Wandlungsfähigkeit des nassen Elements.

Wasserbaustelle

Für eine Wasserbaustelle, an der wir mit Wasser spielen und experimentieren können, legen wir viele verschiedene Gefäße und „Leitungen" bereit: leere Jogurtbecher, kleine und große Eimer, Wannen, Planschbecken, transparente Schlauchstücke, Bambusrohre, Rindenstücke, Trichter, Siebe, Gießkannen etc., außerdem Draht und Kordel zum Befestigen und Verbinden. Die Jogurtbecher können wir mithilfe eines dicken Nagels löchern, das Wasser kann dann herauströpfeln oder wie aus einem Brausekopf herausströmen. Die verschiedenen Gefäße können wir in unterschiedlicher Höhe anordnen, etwa auf Tischen, Stühlen und Kisten. Der Experimentierfreude sind keine Grenzen gesetzt, Hauptsache das Wasser kann tröpfeln, fließen, rauschen, sich sammeln, überlaufen, spritzen …

Wassertransport

Mit stabilen Folienstücken, z. B. aufgeschnittenen Gefrierbeuteln, versuchen wir Wasser von einer Stelle zur anderen zu transportieren. Dazu bilden wir zwei Mannschaften. Jede Mannschaft erhält in einem Gefäß einen Liter Wasser, den sie ohne große Verluste in den Zieleimer transportieren muss. Zwei Kinder fassen nun die Folie, während ein drittes das Wasser auf die Folie gießt. Dann gehen die beiden Träger sofort los und leeren das transportierte Wasser in den Eimer. Welche Gruppe am Schluss am meisten Wasser ins Ziel getragen hat, ist Sieger.

lassen. Wenn wir die Flasche ganz gerade nach unten halten, dauert das Herausfließen sehr lange. Dreht man die Flasche aber einige Male in der Hand, bildet das Wasser einen kleinen Wirbel und kann schneller herausströmen. Wer wird Sieger beim Wasserplatschen?

Sommertaufe

Mit Kreide oder einem Seil markieren wir zwischen zwei Mannschaften eine Trennlinie. An dieser Linie stehen viele mit Wasser gefüllte Becher oder Eimer. Auf ein Zeichen hin laufen die Mitspieler beider Mannschaften los. Wer zuerst zur Linie gelangt, schnappt sich einen Becher und schüttet ihn seinem Gegenspieler entgegen. Sehr schnell werden bei diesem Spiel alle Kinder ziemlich nass sein!

Wasserträgerstaffel

Wieder bilden wir zwei Mannschaften. Jede erhält einen Besenstiel und drei Sandeimer mit Henkel, von denen zwei zur Hälfte mit Wasser gefüllt sind. Auf ein Zeichen hin hängen die ersten beiden Mitspieler die Wassereimer an den Besenstiel, legen ihn auf ihre Schultern und transportieren ihn so zur Ziellinie, wo das Wasser in den bereitstehenden dritten Eimer geleert wird. Dann geht's schnell zurück und die nächsten beiden Wasserträger sind an der Reihe. Sieger ist die Mannschaft, die am meisten Wasser ins Ziel gebracht hat.
Variante: Auf der Strecke, die die Wasserträger zurücklegen müssen, ist ein Hindernisparcours aufgebaut, so dass sie z. B. über eine Schnur balancieren oder niedrige Hindernisse überwinden müssen.

Eimer füllen

Mithilfe eines Gartenschlauchs versuchen wir verschieden große Eimer innerhalb von drei Minuten aus einer Entfernung von 1 bis 2 Metern zu füllen. Auf diese Distanz hin ist das gar nicht so einfach! Die gefüllten Eimer können wir in eine große Schüssel oder in ein Planschbecken gießen, so dass es für weitere Wasserspiele zur Verfügung steht.

Wasserplatscher

Wir füllen große Plastikflaschen (1 bis 1,5 l) mit Wasser. Dann bilden wir Paare. Auf ein Zeichen hin drehen wir die Flaschen um und versuchen, das Wasser so schnell wie möglich herauszuplatschen zu

Wasser in Bewegung

Auf den Wellen gleiten

cher Verfassung stellt eine Schifffahrt, das Schaukeln auf den Wellen ein entspannendes oder eher unbehagliches Erlebnis dar. Wer mit den Wellen geht, sich auf ihr rhythmisches Auf und Ab einlassen kann, ohne gegen die Wellenbewegungen anzukämpfen, dem bereiten sie wahre Schaukelfreuden.

Wellenträume

In blauen Wassern
schweben fern am Himmelsrand
unzählig weiße Segel,
verließen gern den Meeresstrand.

Auf und ab sie gleiten
durch tiefes blaues Meer,
den wilden Wind im Tuch gefangen,
als wenn's ein lustig Spielchen wär.

Und über blauen Wassern
strahlt ein goldner Sonnenball,
viele tausend Perlen glitzern
im Wellentreiben überall.

In blauen Wassern
schweben fern am Himmelsrand
unzählig weiße Segel,
sie holen mich ab vom weißen Sand.
Regina Bestle-Körfer

Schaukelfreude

Am Wasser stehen, den Wellen zusehen, Segelboote und Schiffe auf dem Wasser beobachten, in Tagträumen versunken Gast auf einem Schiff sein, den Wind und das Wasser erleben … Wer verspürt bei diesen Gedanken nicht Lust auf einen Urlaub am Wasser? Das Urelement Wasser weckt bei vielen Menschen die Sehnsucht nach gleichmäßigen, rhythmischen Schaukelbewegungen, die wir uns bei einer Boots- oder Schifffahrt erfüllen können. Je nach körperli-

Winde wehn, Schiffe gehn *(Melodie: volkstümlich/Text: Annemarie Stollenwerk)*

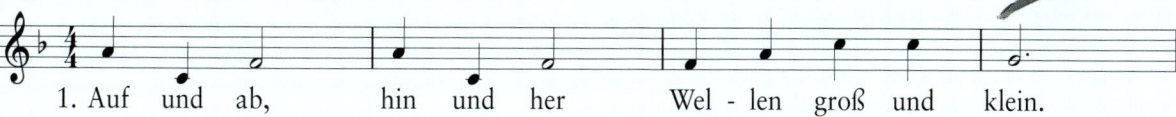

1. Auf und ab, hin und her Wel - len groß und klein.

Ein fri - scher Wind tanzt fröh - lich um mein Schiff, bläst in die Se - gel rein.

Schiffspiele

Wir können die Wellenträume und die Schaukellust der Kinder durch verschiedene Schaukel- und Schiff-spiele erfüllen.

Wir schaukeln in einer Decke oder in einer Hänge-matte sanft hin und her und singen dazu das folgen-de Schaukellied:

- 🛟 Eine große Luftmatratze ist unser Segelschiff. Vor der Luftmatratze befestigen wir einen Segel-mast mit einem Stoffsegel – Schiff ahoi!
- 🛟 Der Turnraum oder ein Innenhof ist unser Meer, die Kinder spielen mit ihren Rollbrettern Schiff-fahrt, Segelregatta und Wettfahrt um Hindernisse herum.

Wellenbilder malen

Die Kinder malen Wasser- und Wellenbilder mit blauen Wasser- oder Fingermalfarben auf dickeres Papier oder weiße Pappe. Wenn die Farbe getrock-net ist, bekleben sie ihr blaues Bild mit schmalen Papierstreifen, die sie aus blauem Papier gerissen haben. Diese Streifen stellen die Wellen dar. Wir schneiden mit einem Messer einen langen Schlitz, der über die ganze Bildbreite geht, in jedes Wellen-bild. Die Kinder haben ein buntes Segelboot aus Faltpapier gefaltet und kleben es an einem schma-len, stabilen Pappstreifen fest. Jetzt schieben sie den Pappstreifen vorsichtig von oben durch den Schlitz

in ihrem Wellenbild, bis das Segelboot auf den Wellen zu tanzen scheint. Nun können sie es mit der Hand hin und her schieben und über ihre Papierwellen auf und ab schaukeln lassen. Viele Wasserbilder mit Segelbooten nebeneinander auf eine Schnur gereiht, ergeben eine lustige Segelregatta.

Im Hafen

Von Sturmvögeln und Fischerbooten

Kais erster Ferientag am Meer

Kai ist mit seinen Eltern ans Meer gefahren. Sie wohnen in einem kleinen Fischerdorf direkt am Meer. Vom Fenster aus kann man direkt in den Hafen sehen. Jetzt, in den Ferien, kommen viele Segelschiffe in den kleinen Hafen gefahren. Doch am schönsten findet Kai die bunten Fischerboote mit den Fangnetzen. „Darf ich mir den Hafen ansehen?", fragt Kai seine Mutter. „Bringst du einen gebratenen Hering für unser Abendessen mit", bittet ihn seine Mutter und steckt ihm ein 2 Eurostück in seine Geldbörse. Kai verlässt das Haus und schon weht ihm eine Brise salzige Meerluft entgegen. Im Hafen riecht es nach Fisch und Motorenöl. Viele Möwen kreisen um den Fischstand, wo es frischen und gebratenen Fisch zu kaufen gibt. Mit lautem Gekreische stürzen sich die Möwen auf die Fischreste, die von den Fischerbooten ins Hafenwasser fallen. Für die Fischer gibt es viel zu tun. Einige schrubben ihre Boote und andere flicken ihre Fischernetze. Kai bleibt vor dem blauen Fischerboot stehen und liest den Namen des Bootes, der dort mit weißen Buchstaben geschrieben steht: ALBATROS. Ein Fischer mit Gummistiefeln und einer Matrosenkappe auf dem Kopf spritzt gerade die Schiffsplanken der Albatros mit dem Wasserschlauch ab. „Na, Junge willst du mir helfen, unseren alten Sturmvogel wieder startklar zu machen? Morgen früh, wenn du noch schläfst, muss die alte Jolle wieder hinaus aufs Meer."

„Ich muss noch Bratheringe für unser Abendessen besorgen", sagt Kai leise. „Komm, halt mal den Wasserschlauch, mein Junge, Bratheringe bekommst du von mir so viele du tragen kannst." Kai steigt auf das Fischerboot und spritzt und schrubbt zusammen mit Piet, dem Fischer, die Albatros, bis die blauen Schiffsplanken in der untergehenden Sonne glänzen. Seine Eltern haben Kai längst vom Fenster ihres Ferienhauses aus entdeckt und winken ihm zu. Nun tragen die beiden noch die Fischernetze zurück auf Piets Boot und Piet klopft Kai anerkennend auf die Schultern: „Donnerkiel, du bist zu gebrauchen! Hat der junge starke Mann denn schon einmal einen ordentlichen Fisch gefangen?" Kai schüttelt den Kopf: „Ich habe immer nur Bratheringe aus der Dose gefischt." „Dann wird es aber Zeit!", ruft Piet lachend. Er setzt Kai seine Matrosenmütze auf den Kopf, schenkt ihm ein großes Glas Bratheringe für das Abendessen und lädt ihn ganz früh am nächsten Morgen auf die Albatros ein, um mit ihm draußen auf dem großen Meer viele Fische zu fangen.

Regina Bestle-Körfer

Von Häfen und Schiffen

Häfen in aller Welt werden von einer großen Zahl von Schiffen angelaufen. Bei einem Hafenbesuch oder einer Hafenrundfahrt in einem großen Seehafen gibt es viel zu sehen, zu hören, zu schnuppern, zu lernen – spannende Abenteuer für kleine Piraten. Wir entdecken Frachtschiffe, die Waren aus fernen Ländern zu uns transportiert haben und deren Fracht von großen Hafenkränen entladen wird. Am Landungssteg des Fährhafens legen große Passagierdampfer und Fährschiffe an, um Menschen und Fahrzeuge auf eine Reise über das Meer in die Ferne mitzunehmen. Im Fischereihafen werden frische Fische und Meeresfrüchte an Land gebracht und verkauft. Im Jachthafen herrscht besonders in Ferienzeiten Hochbetrieb, wenn Segel- und Motorboote dort einen Liegeplatz zum Ankern aufsuchen.

Einen Hafen basteln

Auf einer großen Holzplatte bauen wir gemeinsam einen großen Seehafen. Zuerst malen wir die Holzplatte blau an. Das „blaue Wasser" bedecken wir mit einer durchsichtigen Folie, damit es wie glitzerndes, bewegtes Wasser aussieht. Unter die Folie legen wir viele kleine gemalte und ausgeschnittene bunte Fische. Auch Dinge, die nicht ins Wasser gehören, malen die Kinder und schneiden sie aus: alte Fässer, Flaschen, ein rostiges Fahrrad usw. Aus bemalten kleinen Kartons bauen wir Häuser, in denen die angelieferten Waren aus fernen Ländern gelagert werden. Man nennt diese Häuser auch Speicherstadt. Wir bauen Hafenkräne aus kleinen Verpackungskartons, an denen wir kleine Garnrollen befestigen. Die Kinder können einen Wollfaden über die Garnrolle auf- und abrollen lassen und das Be- und Entladen der Schiffe spielen. Wir bauen

einen Leuchtturm aus einer leeren Küchenpapierrolle, den wir rot-weißgestreift bemalen und kleben ihn auf der Holzplatte fest. Wir legen eine Hafenmauer aus Steinen auf unsere Holzplatte und zum Schluss basteln und falten wir viele unterschiedliche Boote und Schiffe aus Papier und kleinen Streichholzschachteln, mit denen die Kinder in ihrem eigenen Hafen spielen können. Die Kinder erfahren, dass es in jedem Hafen auch blaue Polizeiboote, rote Feuerlöschboote und grüne Zollboote gibt, die nach Schmuggelware Ausschau halten.

Seemannnsgarn spinnen

Früher trafen sich die Matrosen im Hafen und erzählten sich von ihren Reisen so allerhand „Seemannsgarn", das waren lustige und spannende, aber nicht immer wahre Geschichten, mit denen sie sich die Zeit an Land vertreiben wollten.

 Wir stellen uns vor, wir wären Matrosen. Die Kinder setzen sich reihum einen Matrosenhut auf den Kopf. Wer den Matrosenhut gerade auf dem Kopf hat, darf „Seemannsgarn spinnen", das heißt er darf den anderen einen Lügensatz auftischen. Es darf angegeben und dick aufgetragen werden, ohne rot zu werden, z. B.: Auf der Schatzinsel habe ich fünf Seeräuber gleichzeitig besiegt und ins Gefängnis geworfen. Beim Piratenwetttrinken habe ich ein ganzes Fass Limo getrunken, ohne abzusetzen usw.

Wir spielen das Lügensatz-Alphabet, das heißt der erste Lügensatz muss mit A beginnen, der nächste mit B, der folgende mit C usw.

Unendlichen

Wasserweiten

Das Meer

Lebensraum Meer

Das Wasser der Meere und Ozeane bedeckt große Flächen unseres Planeten. Rund um die Erde sind ihre Wassermassen ständig in Bewegung. Ununterbrochen rollen Meereswellen an Küsten und Strände, im ständigen Wechsel von Ebbe und Flut. Wie ein Baumeister gestaltet das Meer die verschiedenen Küstenformen und lässt z. B. Sandbänke und Landzungen entstehen. Unter der Wasseroberfläche verbirgt sich eine faszinierende und sehr bunte Welt, in der eine Vielzahl von Pflanzen und Tieren ihren Lebensraum gefunden haben. Vom Reichtum des Meeres leben nicht nur Tiere und Pflanzen, sondern auch wir, indem wir Fische und Meeresfrüchte fangen und Rohstoffe wie Öl und Gas aus den unendlichen Tiefen des Meeres fördern.

Schatzsuche

Mit den Wellen werden manche kleinen und großen Schätze aus den Weiten des Meeres an Land befördert. Wir machen einen Strandspaziergang und lassen uns die Wellen um die Füße spülen. Wir suchen, sammeln und betrachten, welche Schätze das Meer an Land geschwemmt hat: Muscheln, Schneckenhäuser, Tang, Algen, Krebse, Quallen, Seesterne, Treibholz. Unsere Fundstücke sammeln wir in einer Schatzkiste und können sie so immer wieder in die Hand nehmen.

Treibgut-Tiere

Wenn wir am Meeresstrand unterwegs sind, finden wir oft interessant geformte Holzstücke, die von den Wellen angespült wurden. Durch die starke Wasserbewegung wurden sie gesäubert, ausgelaugt, poliert und zu bizarren Formen gestaltet. Aus solchen Holzstücken basteln wir fantastische Tiere. Wir bemalen sie mit Farbe und schmücken sie mit anderen Fundstücken, z. B. mit Muscheln, Steinen, Schneckenhäusern, Federn.

Wasserfernglas

Aus einem ca. 30 cm langen Stück Kunststoffrohr basteln wir uns ein Wasserfernglas. Mit ihm können wir erforschen, was sich unter der Wasseroberfläche verbirgt. Zunächst schmirgeln wir mit feinem Sandpapier die glatte Oberfläche des Rohrs an. Mit Plaka- oder Temperafarbe malen wir Meereswellen oder andere Wassermotive auf das Rohr. Die Farbe fixieren wir mit wenig Sprühlack, um sie vor Wasserspritzern zu schützen. Wenn die Farbe getrocknet ist, spannen wir mit einem Gummi ein Stückchen Frischhaltefolie über eine Öffnung des Rohrs. Anschließend umwickeln wir den Rand der Folie mehrmals mit einem stabilen Bindfaden und knoten ihn fest. Der Bindfaden hält die Folie nun straff, das Gummi können wir wieder entfernen. Wenn wir das Wasserfernglas nun mit der Folienseite in die Wellen

halten, können wir die Welten unter Wasser klar erkennen. Ab und zu müssen wir die Folie wieder nachspannen.

Lustige Meeresreime

Wir erfinden lustige Reime von Tieren und Pflanzen, die im Meer leben. Zum Beispiel:

- Im unendlichen Meeresblau leben ein Hering und seine Frau.
- Im bunten Garten der Meereskorallen verirrten sich fünfzig wabblige Quallen.
- Viel Tinte verlor der Tintenfisch, das wurmte ihn sehr und er ärgerte sich.
- Was hör ich hier unten nur flüstern und tuscheln? Ich glaube, das sind die Quasselmuscheln.

Tiefseetaucher

Zunächst sammeln wir flache Steine, auf die wir mit Tempera- oder Plakafarben kunterbunte Fische malen. Auf weitere Steine malen wir einen Seestern, eine Qualle, ein Seepferdchen, einen Fisch mit goldener Schwanzflosse, eine Muschel oder noch andere Meeresbewohner. Die Farbe müssen wir mithilfe von Sprühlack wasserfest machen. Dann verteilen wir die Steine in einem vorher festgelegten Spielfeld im flachen Wasser am Strand oder in einem Planschbecken. Nacheinander setzen alle Mitspieler nun eine Taucherbrille auf und versuchen möglichst schnell die besonderen Steine aus der Vielzahl der „Fische" herauszufinden. Wir können mit einer Stoppuhr festhalten, wie lange es dauert, bis diese Steine gefunden sind. Wer ist der schnellste Tiefseetaucher?

Tintenfisch-Fangen

Wir bestimmen einen Mitspieler zum Tintenfisch und teilen uns in zwei gleich große Gruppen. In den Sand oder auf den Boden zeichnen wir im Abstand von einigen Metern zwei Linien und stellen uns hinter den Linien auf. Das Spielfeld ist das Meer, in dem der Tintenfisch lebt. Er stellt sich in die Mitte und ruft den Namen eines Mitspielers, dieser wählt ein Kind aus der gegnerischen Gruppe. Beide rennen dann los, um ihre Plätze zu tauschen, ohne dabei dem Tintenfisch in die Fangarme zu geraten. Doch dieser versucht, einen der beiden mit Tintenfischtinte – einem blauen Schminkstift – zu bemalen. Gelingt ihm das, ist der Bemalte in der nächsten Runde der Tintenfisch.

Geheimnisvolle Meerbewohner

Schon aus alten Zeiten wird uns in Geschichten und Büchern von geheimnisvollen Meerbewohnern berichtet, von Meeresgöttern, Nixen und Meerjungfrauen. Sie werden auch Seejungfrauen, Nymphen, Meermädchen oder Sirenen genannt. Sie wohnen verborgen in der Tiefe des Meeres in prächtigen Häusern und Palästen. Nachts tauchen die Meerjungfrauen mit ihren Fischschwänzen aus dem Wasser auf, sitzen im Mondschein auf Sandbänken oder tanzen und spielen in seichten Meeresbuchten. Menschliche Gestalt und eine unsterbliche Seele können sie nur dann erhalten, wenn es ihnen gelingt, sich mit einem Menschen zu vermählen.

Wie schmeckt das Meer?
Salzwasser

Versalzen

Bekommt man Meerwasser in den Mund, merkt man schon: Irgendwer hat es gründlich versalzen! Aber wer? Wasser, Wind und Eis haben in Jahrmillionen Salze aus dem Gestein der Gebirge gelöst. Durch Bäche und Flüsse wurde es ins Meer transportiert. Immer wieder – in einem ewigen Kreislauf – verdunstet dort durch die Sonnenwärme Wasser, während das Salz zurückbleibt. Aber auch unter der Erdoberfläche findet man große Salzablagerungen. Sie stammen von riesigen Meeren, die einst die Erde bedeckten.

Experimente mit Salzwasser

 Wir lösen in einem Liter Wasser 25 g Salz, das entspricht in etwa der Konzentration von Meerwasser. Wir tunken unseren Finger in diese Lösung und probieren.

 In eine halbe Tasse Wasser geben wir einen Esslöffel Salz und verrühren diese Mischung gründlich, bis sich alles Salz aufgelöst hat. Mit dem Salzwasser malen wir auf ein dunkles Stück Fotokarton mehrere Kreise. Nach einiger Zeit ist das Wasser aus der Salzlösung verdunstet und die Salzkristalle sind wieder erkennbar.

 Wir füllen einen Kessel mit etwas Salzwasser und lassen es auf dem offenen Feuer oder auf dem Herd verdampfen. Im Kessel bleibt eine deutlich sichtbare Schicht Salz zurück.

Salzhokuspokus

 Wir füllen zwei Gläser einen Finger breit mit Wasser. In dem einen Glas lösen wir einen Esslöffel Salz auf, in das andere tropfen wir ein wenig Tinte oder Wasserfarbe. Mithilfe einer Pipette tropfen wir nun etwas gefärbtes Süßwasser in das Salzwasser. Was geschieht? Die gefärbte Wasserschicht schwimmt auf dem Salzwasser. Warum? Salzwasser hat eine größere Dichte als Wasser. Die Salzwasserteilchen zwängen sich zwischen die Wasserteilchen und machen die Flüssigkeit dadurch dicht. Das gefärbte Wasser schwimmt obenauf.

 Wir füllen zwei gleich große Trinkgläser mit Wasser. Ohne dass unsere Zuschauer es merken, rühren wir in das eine Glas zwei Esslöffel Salz, das andere lassen wir unvermischt. Dann lassen wir ein Stück Möhre in dieses Glas plumpsen, es geht unter. Dasselbe Stück geben wir unter Einsatz eines Zauberspruchs in das salzige Wasser: Hokuspokus, es schwimmt! Warum? Salzwasser trägt besser als Süßwasser. Wer im sehr salzhaltigen Toten Meer baden geht, kann sich ins Wasser legen ohne unterzugehen.

Salzspuren

Mit Kleister malen wir mit breiten Strichen Kreise, Spiralen, Wellenlinien o. Ä. auf weißes Tonpapier oder Pappe. In einer Schale stellen wir Salz bereit,

das wir nun mit den Händen über die Kleisterspuren streuen. Anschließend schütten wir das überschüssige Salz in die Schale zurück. Dann tauchen wir einen Pinsel in Farbe, die mit viel Wasser angerührt ist, und berühren sehr behutsam die salzigen Flächen auf unserem Papier. Wir beobachten, wie die Farbe langsam vom Salz aufgenommen wird und über unsere Linien und Muster wandert. Dabei entstehen interessante Effekte, wenn sich verschiedene Farben ineinander vermischen. Die fertigen Bilder lassen wir trocknen.

Was schmeckt salzig, was süß?

Unsere Zunge hat an ihrer Spitze und an den Seiten Geschmacksknospen für Salziges. Wenn etwas sehr stark gesalzen ist, beschreiben Kinder diesen Geschmack auch oft als scharf. Wir stellen verschiedene Nahrungsmittel bereit, die süß oder salzig schmecken: Obststücke, Schokolade, Brot, Nüsse, Salzstangen, Laugenbrezeln, saure Gurken, Schafskäse, Oliven etc. Wir schließen unsere Augen oder verbinden sie mit einem Tuch und versuchen mit der Zunge herauszufinden, was salzig oder was süß schmeckt. Dabei wird uns auffallen, dass uns nach Genuss eines süßen Stücks Obst etwas Salziges besonders salzig vorkommen wird.

Märchen vom Salz

Einem armen Fischer in Asien wollten keine Fische mehr in sein Netz gehen. Da erschien ihm ein alter Mann und schenkte ihm einen Zauberkrug: Bei den Worten „Krug, gib mir Salz!" füllte dieser sich mit wertvollem Salz, bei den Worten „Halt ein, hab Dank!" leerte sich der Krug wieder. Jeden Tag besprach der arme Fischer nun den Zauberkrug und er füllte sich. So konnte er das kostbare Salz verkaufen und wurde reich. Sein Bruder, den der Reichtum neidisch gemacht hatte, belauschte ihn eines Tages und stahl ihm, als er nicht zu Hause war, das Gefäß. Er ruderte aufs Meer hinaus und sprach: „Krug, gib mir Salz!" Der Krug füllte sich, quoll über, alles Salz floss ins Boot und wollte nicht aufhören, denn er kannte den Zauberspruch nicht, der dem Krug Einhalt geboten hätte. Das Boot versank mit dem Krug in den Fluten des Meeres und der neidische Bruder konnte sich nur mit Mühe ans Ufer retten. Seither ist das Meerwasser salzig; und immer noch fließt Salz aus dem Krug, der auf dem Grunde des Meeres liegt.

Spielplatz **Strand**
Bewegungsspiele
zwischen
Wasser und Sand

Toben und Spielen

Ein idealer Platz zum Toben und Spielen ohne räumliche Begrenzung ist der Strand oder auch das sandige oder steinige Ufer eines Sees. Aus der Kombination von Wasser, Sand und Steinen ergeben sich immer neue, abwechslungsreiche Spielmöglichkeiten, die keine Langeweile aufkommen lassen und der Bewegungsfreude von Kindern sehr entgegenkommen.

Wasserturnier

Wir bauen einen Parcours mit verschiedenen Spielstationen auf. Dazu stecken wir kleine Schilder mit den Zahlen von eins bis zehn in den Boden. Beim Wasserturnier kommt es nicht auf das Tempo, sondern auf die Geschicklichkeit der Mitspieler an, denn alle Spielstationen müssen mit einem Becher Wasser in der Hand absolviert werden:

1) Einen Plastikbecher mit Wasser füllen und loslaufen. (Die Wassermenge soll bei allen Mitspielern zu Beginn des Spieles gleich sein!)

2) Mit dem Becher in der Hand ein Handtuch vom Boden aufheben und sich über die Haare rubbeln.

3) Sich auf einen Liegestuhl oder Klappstuhl setzen und wieder aufstehen.

4) Um einige in den Boden gesteckte Slalomtore laufen.

5) Mit dem Wasserball eine Badetasche abtreffen.

6) Über einen Schwimmring springen oder über eine Luftmatratze balancieren.

7) Den Wasserbecher auf einen Federballschläger stellen und bis zum nächsten Posten balancieren.

8) Sonnenbrille und Sonnenhut aufsetzen.

9) Eine Schwimmflosse oder einen großen Badelatschen anziehen und bis zum nächsten Posten rückwärts gehen.

10) Sonnencremeflasche öffnen und ein Bein einreiben.

Dann zum Ziel laufen und das Wasser in einen bereitgestellten Messbecher füllen.

Wer hat das meiste Wasser ins Ziel gebracht?

Strandflöhe

Ein Mitspieler, der Strandflohfänger, stellt sich in die Mitte eines Kreises. In der Hand hält er einen mit etwas Sand gefüllten Stoffbeutel, der fest verknotet an eine Schnur gebunden ist. Der Strandflohfänger wirbelt nun den Sandbeutel im Kreis über den Boden. Alle anderen Mitspieler, die Sandflöhe, können der Gefahr, gefangen zu werden, nur dadurch entgehen, dass sie im richtigen Augenblick hochspringen. Jeder, der vom Sandbeutel getroffen wird, scheidet aus. Wer übrig bleibt, ist der König der Strandflöhe.

Krabbenrennen

Alle Mitspieler sind Krabben. Sie gehen auf Händen und Füßen, wobei die Hände hinter den Füßen den Boden berühren und der Bauch zum Himmel zeigt. Auf das Startsignal hin legen sich alle Krabben eine Muschel oder ein Stück Holz auf den Bauch und krabbeln damit rückwärts ins Ziel. Wer kann als Erster seine Muschel hinter der Ziellinie ablegen?

Seehundfänger

Am Sandstrand liegen die Seehunde mit unter der Brust verschränkten Armen faul in der Sonne. Ruft der Seehundfänger, der in einiger Entfernung vom Ufer lauert: „Ich komme!", kriechen die Seehunde so schnell sie können auf den Ellbogen zum Wasser hin. Wer seine Hand oder seinen Fuß ins Wasser tauchen kann, ist vor dem Seehundfänger sicher!

Sand-Förderband

Wir bilden zwei Mannschaften mit 8 bis 10 Kindern. Jede Mannschaft setzt sich möglichst dicht in einer Reihe nebeneinander. Am Anfang der Reihe werden zwei gleich große Sandhaufen aufgeschüttet, am Ende der Reihe stehen zwei Eimer. Auf ein Zeichen hin nimmt der erste Mitspieler mit den Händen Sand vom Sandhaufen, der nun blitzschnell von Hand zu Hand weitergereicht und am Ende in den bereitstehenden Eimer geworfen wird. Nach einer zuvor festgelegten Zeit wird gemessen, wie viel Sand in den Eimer befördert werden konnte.

Steinstraße

Wir sammeln große, runde Steine und glatte Stöcke und legen mit ihnen auf dem Boden eine Straße; diese Straße kann auch durch flaches Wasser führen oder ein kleines Rinnsal durchqueren.
Nacheinander tasten sich unsere Füße nun auf den Steinen und Stöcken vorwärts, bis wir das Ziel erreicht haben, möglichst ohne dabei nasse Füße zu bekommen.
Variante: Wir können auch unsere Augen schließen oder sie mit einem Tuch verbinden. Beim Vorwärtsgehen müssen wir uns so ganz auf das Tastgefühl unserer Füße verlassen.

Strandmemory

In einem Sandeimer sammeln wir mindestens 6 verschiedene Gegenstände, die am Strand zu finden sind (Muscheln, Holz, Steine etc.). Dann überreichen wir den Eimer dem nächsten Mitspieler und er muss versuchen, in einer festgelegten Zeit die Fundstücke im Eimer zu Paaren zu ergänzen.

5 Element Erde

Stein-Zeit

Was Steine berichten

Steine sind stumme Zeugen unserer Erdgeschichte. Ihnen wohnt ein ganz besonderer Zauber inne. Kinder nehmen sie gerne in die Hand, betrachten und betasten sie oder stecken sie sich in die Taschen. Könnten Steine sprechen, hätten sie bestimmt eine Menge zu erzählen, denn manche von ihnen sind schon steinalt. In Steinen eingeschlossen finden wir feine Kristalle, manche enthalten auch noch Abdrücke von Pflanzen oder Lebewesen aus längst vergangenen Zeiten. Steine begegnen uns nicht nur an Bächen und Flüssen, wir finden sie auch in den Bergen, am See, am Meer, im Wald ... Besonders faszinierend ist die Vielfalt ihrer Farben, Formen und Muster, die uns zum Entdecken, Sammeln, Basteln und Spielen einlädt.

Lieblingssteine sammeln

Wir sind als Steinsucher unterwegs, um Steine zu entdecken, die uns besonders gut gefallen: ihre Form, ihre Farbe oder der besondere Platz, an dem sie liegen. Wir breiten unsere Fundstücke aus und betrachten sie: Wie fühlen sich die Steine an? Rau, glatt, kantig? Was könnten uns die feinen Zeichnungen, Muster und Farben des Steins erzählen? Können wir Kristalleinschlüsse erkennen? Können wir kleine Steinkörnchen abkratzen? Welcher Stein kann einen anderen anritzen? Können wir mit unseren Steinen malen?

Steingeschichten erzählen

Wir setzen uns im Kreis zusammen und legen unseren Lieblingsstein vor uns auf den Boden. Nacheinander werden nun die Lieblingssteine von Hand zu Hand weitergereicht, während der Steinfinder zu seinem Stein eine kleine Geschichte erzählt, z. B.: Mein Stein hat viele Jahre unter einer Baumwurzel geschlafen, bis ich ihn entdeckt habe. Oder: Meinen Stein, der so schön glitzert, hat eine Prinzessin beim Spielen verloren. Wir lassen uns Zeit, damit jedes Kind seinen Stein in Ruhe vorstellen kann.

Vom Wesen der Steine

Alle Steine bestehen aus Mineralien. Steine brechen aus Felsen, werden vom Wasser der Bäche und Flüsse weiter befördert, durch die Wucht der Wasserbewegung immer wieder aneinander gestoßen und abgerieben. Dabei verlieren sie ihre Spitzen und Kanten und werden zu runden Kieselsteinen. Als Edelsteine bezeichnet man Mineralien, die sich durch ihre Härte, ihre Farbe und ihren Glanz besonders auszeichnen und deshalb sehr wertvoll sind. Manche Gesteinsarten können sich durch Hitze oder Druck in ein neues Gestein verwandeln. So wird z. B. aus Kalkstein, der mit heißer Magma in Berührung kommt, wertvoller Marmor. In Hohlräumen und Rissen in Quarzgestein entsteht unter Hitze und Druck Gold. Steine waren schon in Urzeiten wichtig für den Menschen, die Epoche der Steinzeit ist nach ihnen benannt. Steine dienten als Werkzeug und Waffe, man brauchte sie zum Bauen und sie waren Schmuck und Kultgegenstand.

Schwer wie ein Stein

Wir sammeln viele runde und glatte Kieselsteine und bilden Paare. Ein Kind legt sich ganz bequem auf den Boden in Rücken- oder Bauchlage. Das andere Kind legt ihm nun behutsam einen Stein nach dem anderen auf die Brust, den Rücken, den Bauch, den Po, die Arme, die Beine. Das liegende Kind beendet das Auflegen und sagt „Halt!", wenn es das Gewicht der Steine angenehm spürt. Anschließend werden die Rollen getauscht.

Vergoldete Steine

Wir sammeln etwa handflächengroße, glatte Steine. Aus goldener Metallprägefolie schneiden wir kleine Stücke zurecht. Dann drücken wir auf einer weichen Unterlage (z. B. mehrere Lagen Zeitungspapier) mit einem spitzen Gegenstand (Nagel, Kugelschreiber) Muster, kleine Bilder oder unseren Anfangsbuchstaben in die Folie. Anschließend kleben wir die Folie mit Kraftkleber auf dem Stein fest.

Steine fühlen

Mit unserem ganzen Körper erspüren wir, wie sich Steine anfühlen.

- Wir legen uns mit dem Bauch oder dem Rücken auf einige Kieselsteine.
- Wir stellen uns mit nackten Füßen auf Kieselsteine oder auf Schottersteine.
- Wir nehmen einen oder mehrere kleine Kieselsteine in unsere Hand und schließen sie.
- Wir legen uns einen Kieselstein auf den Kopf und versuchen ihn zu balancieren.
- Wir klemmen Kieselsteine unter beide Arme und versuchen sie so festzuhalten.

Den Stein der Weisen finden

Wir füllen einen Korb mit Steinen. Einen Stein verzieren wir mit einer Besonderheit, z. B. können wir ihm ein kleines Stückchen Moosgummi aufkleben oder eine kleine Schlange aus Knete oder Ton an ihm befestigen. Reihum versuchen wir nun mit geschlossenen Augen, diesen „Stein der Weisen" aus der Fülle der Steine herauszufinden.

In den Sand geschrieben

Spiel mit den feinen Körnern

Sandige Hände

Kinder spüren gern, wie der trockene, feine Sand durch ihre Finger rieselt und wie er sich mit Wasser formen und verändern lässt. Mit Hingabe und Konzentration spielen sie im Sand Burgenbauer, Kuchenbäcker, Tunnelgräber, Staudammbauer usw. Wenn das Meer ihre sandigen Kunstwerke mit einer einzigen Welle wegspült, bleibt die Lust, etwas Neues aus Sand zu schaffen, ungebrochen. Sand lädt unermüdlich dazu ein, neue Spuren zu hinterlassen.

Spuren im Sand

Bei diesem Spiel erstellen die Kinder Abdrücke von Taucherbrille, Schwimmflosse, Badeschuh, Schlüssel, Schwimmflügel usw. im glatten, nassen Sand. Nacheinander darf jedes Kind einen Abdruck in den Sand machen und die anderen Kinder raten, um welchen geheimnisvollen Sandabdruck es sich handelt. Für jeden richtig geratenen Abdruck gibt es eine Muschel. Wer die meisten Muscheln gesammelt hat, ist Sandkönig und darf sich von den anderen Kindern die Füße und Beine im Sand einbuddeln und königlich verzieren lassen.

Sandmaler

In feuchten Sand können die Kinder Muster und Bilder malen – mit den Fingern, mit Stöcken oder mit irgendwelchen anderen Geräten.

- In der rechten und linken Hand halten die Kinder einen Stock und versuchen mit beiden Händen gleichzeitig, ein Muster oder eine Form in den Sand zu malen (z. B. Kreis, Schnecke, Sonne, Welle usw.).
- Die Kinder schreiben ihren Namen in den Sand.
- Wir malen ein Sandherz und schreiben mit einem Stock die Jahreszahl unseres Sommerurlaubs in das Herz hinein; ein Foto von unserem Sandherz ist eine schöne Erinnerung für unser Fotoalbum.
- Mit Spielzeugschaufeln und -rechen, mit Kämmen, Besen, breiten Pinseln, mit Seilen, Bällen usw. schieben, ziehen, rollen, kratzen die Kinder Muster und Spuren in den Sand.

Sand

Sand entsteht aus fein gemahlenem Gestein oder aus gemahlenen Muscheln. Durch Bewegungen des Meeres werden Felsen und Riffe abgebrochen, zerrieben und immer feiner gemahlen. Aber auch im Gebirge bröckeln Steine und Felsbrocken unaufhörlich durch Regen, Wind, Hitze und Kälte ab. Sie werden von kleinen Bächen und Flüssen mitgerissen und ins Meer gespült. Die Wellen bearbeiten Muscheln und Steine zu immer feineren Körnchen, bis sie vom Meer als kleine Sandkörnchen an Land geschwemmt werden.

Sandkuchenstaffel

Aus feuchtem Sand backen zwei Mannschaften Sandkuchen um die Wette. Wer schafft die meisten Sandkuchen in 5 Minuten? Es zählen nur Sandkuchen, die nicht auseinander gefallen sind.

Sandsucher

Jedes Kind sucht sich im Sand am Meeresstrand eine schöne Muschel oder einen schönen Stein. Wir lernen unseren Findling genauer kennen, indem wir ihn ausgiebig befühlen und betrachten. Danach werden alle Findlinge in einem großen Eimer mit Sandmatsche vergraben und versteckt. Wer findet seine Muschel oder seinen Stein im Sand-Matsch-Eimer wieder?

Sandfarben

Wir unterscheiden Sand in verschiedenen Farben: weißer Sand besteht aus gemahlenen Muscheln, roter Sand ist besonders eisenhaltig, gelber Sand ist schwefelhaltig, schwarzer Sand ist aus Vulkangestein, rosafarbener Sand besteht aus vermahlenem Rosenquarz. Wir können auch auf andere Weise dem Sand eine Farbe geben. Dafür besorgen wir entweder Farbpulver aus dem Bastelladen, um kräftige Sandfarben herzustellen, oder wir vermischen unseren Sand mit farbiger zerriebener Kreide. Die Kinder tauchen ihre Pinsel zunächst in Kleister, malen Kleistermuster auf ein dickeres Papier und lassen dann gefärbten Sand mit einem Löffel auf ihre Kleisterspuren rieseln. So entstehen viele bunte Sandbilder. Lose Sandkörner lassen sich problemlos wegblasen, und wenn der Kleister getrocknet ist, können wir die farbigen Sandbilder aufhängen.

Sandwellen

Bei Ebbe können wir auf großen Sandflächen die Rippelmarken erkennen; das sind Wellenfurchen, die der Wind mit dem abziehenden Meerwasser in gleichmäßigen Mustern in den Sand gemalt hat. Wir können diese schönen Sandwellen in einer runden Schüssel mit 10 bis 15 cm hohem Wasser selber hervorzaubern. Dazu lassen wir feinen Sand in die Wasserschüssel rieseln, bis der Boden gleichmäßig bedeckt ist, und legen in die Mitte der Schüssel einen Stein in den Sand. Wenn wir das Wasser nun um den Stein herum rühren (immer in einer Richtung rühren, ohne den Stein zu berühren), bilden sich nach einiger Zeit regelmäßige Sandwellen am Boden.

Die Erde trägt ein buntes Kleid

Bunte Sommerblumen

Sommerschönheiten

Bunte Sommerblumen finden wir im Sommer beinahe überall: im Garten, im Wald, auf den Feldern und sogar zwischen den Pflastersteinen der Wege und Straßen bahnt sich so manches kleine Blümchen seinen Weg ans Licht. In sonnenheller Sommerzeit lässt es sich gut wachsen. Zum Sommer gehört sie einfach dazu, die strahlende Farbenpracht der Blumen. Doch wer kennt noch die Namen der ungezählten Schönheiten auf Wiesen und am Wegesrand, mit ihren Eigenarten und Besonderheiten, die uns spannende Blumengeschichten erzählen?

Zauberhafte Farben

Auch wenn wir die bunte Blumenwiese in unserem Garten als unbeschreiblich vielfältig erleben, sind es nur wenige Farbstoffe, die für die Farben der Blumen verantwortlich sind. Blau- Rot- und Violetttöne stammen beispielsweise aus dem Hauptbestandteil einer Farbsubstanz (Anthocyane), die sich abhängig vom Säuregrad in der Blume entweder in Richtung der Rot- oder der Blautöne entwickeln. Und weil der Säuregrad in den Pflanzen immer unterschiedlich ist, gibt es eine so große Palette von Blau- und Violetttönen in der Natur.

Blumenzauberei

- Wir können aus einer weißen Blume eine blaue Blumen zaubern, indem wir in das Gießwasser ein wenig blaue Tinte dazugeben.
- Wenn wir ein paar blaue Blüten von Vergissmeinnicht, Glockenblume oder eine Borretschblüte auf einen Wattebausch legen, den wir vorher mit Essigessenz getränkt haben (Vorsicht, Essigessenz ist ätzend!), und alles unter eine Käseglocke legen, dann können wir beobachten, wie sich die blauen Blütenköpfe in einigen Stunden in rosafarbene Blütenköpfe verwandelt haben.

Blumenratequiz

Viele Wiesenblumen haben lustige und klangvolle Namen. Wir spielen ein Blumenratequiz, indem ein Kind den Namen einer Blume ins Ohr geflüstert bekommt und es versucht an einer Wandtafel den Blumennamen so aufzumalen, wie er sich wörtlich aus zwei Worten zusammensetzt: z. B. Storch-schnabel, Ochsen-auge, Sonnen-röschen, Königs-kerze, Nacht-kerze, Finger-hut, Glocken-blume, Flockenblume, Teufels-kralle usw. Alles was den Ratenden hilft, darf gemalt werden. Wer den Namen der gemalten Blume errät, darf als Nächstes malen. Oder wir spielen unser Ratequiz in zwei Gruppen – immer abwechselnd malt ein Kind für seine Gruppe eine zugeflüsterte Blume, die die Kinder so schnell wie möglich erraten sollen, denn es wird bei diesem Blumenratequiz auf Zeit gespielt. Zum Malen und Raten hat jede Gruppe immer nur zwei Minuten Zeit, dann wird gewechselt. Für jede richtig geratene Blume bekommt jede Gruppe einen Punkt. Wer die meisten Punkte sammelt, ist Sieger im Blumenratequiz.

Blumenuhr

Manche Blumen am Wegesrand ziehen nicht die Blicke der Vorbeigehenden auf sich, sie blühen im Verborgenen. Doch der aufmerksame Blumenbeobachter entlockt auch einer unscheinbaren Blume ihr Geheimnis: Viele Blumen besitzen eine innere Uhr für die Tageszeit. So öffnen und schließen Blumen ihre Blüten zu unterschiedlichen Zeiten. Die Ringelblume öffnet ihre Blüten gegen 9 Uhr und schließt sie bereits am frühen Nachmittag gegen 14 Uhr. Die Zaunwinde öffnet ihre Blüten bereits um 6 Uhr in der Früh und schließt sie gegen 16 Uhr. Die Nachtkerze öffnet ihre Blüten erst gegen 18 Uhr und schließt sie in den Morgenstunden. Die weiße Lichtnelke öffnet ihre Blüte in den frühen Abendstunden und verströmt einen intensiven Geruch. Früher richteten sich die Bauern nach den Blüten des Wiesen-Bocksbartes (eine kleine, gelbe Blume, die der Löwenzahnblüte ähnelt). Wenn der Bocksbart gegen 12 Uhr seine Blüten schloss, wurde Mittagspause gemacht.

Blumenforscher

Wir spielen Blumenforscher. Die Kinder basteln aus Fotokarton kleine Blumenstecker, die sie auf einen Schaschlikstab oder einen kleinen Stock kleben. Auf den Blumenstecker haben sie ein geöffnetes Auge gemalt. Auf einem morgendlichen Streifzug durch den Garten suchen sie Blumen, die ihre Blüten schon geöffnet haben, und stecken ihre Blumenstecker zwischen die Blumen in die Erde. Am Nachmittag oder am Abend besuchen sie ihre Blumen wieder und schauen nach, welche Blumen noch blühen und welche Blumen schon eingeschlafen sind.

Gefühlvolle Blumen

Blumen zeigen an ihren Blättern, die sie hängen lassen oder steil aufstellen, und an ihren Blüten, die sie unter bestimmten Bedingungen öffnen oder schließen oder der Sonne zu- oder von ihr abwenden, wie sie sich gerade fühlen. Blumen und Pflanzen reagieren auch auf Witterungseinflüsse.

- Die Silberdistel wird wegen ihrer verlässlichen Wetterfühligkeit im Volksmund auch Wetterdistel genannt. Wenn sie ihre Blüte bei Sonnenschein weit öffnet, gilt sie als Gut-Wetter-Prophet. Wenn sie jedoch ihre Blüten bis zum Nachmittag noch nicht geöffnet hat, deutet dies auf hohe Luftfeuchtigkeit hin, die die Silberdistel fühlt, und das lässt auf baldigen Regen oder ein Gewitter schließen.

- Auch die Blätter von Tomatenpflanzen verraten uns, ob wir mit Regen rechnen müssen. Wenn Regen naht, klappen Tomaten ihre Blätter herunter.

- Der Wald-Sauerklee reagiert als Schattengewächs empfindlich auf sehr starke Sonnenbestrahlung und Hitze. Um zu starke Verdunstung zu verhindern, klappt er seine Blättchen einfach zusammen.

Färben mit der Natur
Pflanzenfarben

Was in den Pflanzen steckt

Die Natur ist voller Farben. Als es noch keine chemisch hergestellten Farben gab, nutzten die Menschen die Farbstoffe aus Blüten, Beeren Wurzeln und Rinden, um Wolle, Papier und Stoffe einzufärben. Beim Zerreiben oder Auskochen gibt fast jede Pflanze Farbstoffe ab. Die Farbstoffe unserer einheimischen Pflanzen ergeben hauptsächlich Farbtöne wie grau, braun, gelb und grün in vielen feinen Abstufungen. Es macht Spaß, mit Naturfarben zu experimentieren. Das Färben ist für Kinder eine spannende Beschäftigung voller Überraschungen. Es ist ein besonderes Sommerereignis, den Weg von der selbst gesammelten Pflanze zum gefärbten Papier oder Stoff mit allen Sinnen zu erleben.

Pflanzentischtuch

Ein altes weißes Bettlaken oder ein großes weißes Baumwolltuch verwandeln wir in eine naturbunte Tisch- oder Picknickdecke. Zum Färben eignen sich:

- Grasbüschel: mit frisch gepflückten Grasbüscheln reiben wir kräftig über den Stoff und hinterlassen grüne Spuren.
- Blau- und Holunderbeeren, Himbeeren und Walderdbeeren: wir zerdrücken die Beeren direkt auf dem Stoff und verreiben sie mit den Händen (evtl. Gummihandschuhe anziehen, die Farben sind sehr intensiv!). Wir können die Beeren auch in einer kleinen Schüssel mit der Gabel zerdrücken und den entstandenen Saft durch ein feinmaschiges Sieb abfiltern. Mit der Saftfarbe können wir auf den Stoff malen oder drucken, z. B. mit den Blütenköpfen von Butterblumen, Kletten oder Disteln und mit den Samenkapseln des Mohn.
- Kornblumen, Glockenblumen, Klatschmohn und Rosenblätter: Wir zerreiben sie mit der Hand oder den Fingern kräftig auf dem Stoff. Sie hinterlassen pastellfarbene Spuren in Blau und Rosa.
- Johanniskraut: Seine Früchte stechen wir mit einer Nadel an und quetschen den rötlichen Saft aus.
- Blütenstaub: Verschiedene Garten- und Wiesenpflanzen haben intensiv färbenden Blütenstaub, etwa Sonnenblumen und alle Lilienarten. Den Blütenstaub verreiben wir mit den Händen direkt auf dem Stoff.

Malfarben herstellen

Wir pflücken verschiedene gelbe Blüten, z. B. Rainfarn, Goldrute, Butterblume, geben sie in einen kleinen Kessel und bedecken sie mit wenig Wasser. Diese Mischung lassen wir mit geschlossenem Deckel ca. 10 bis 20 Minuten köcheln. Durch ein feines Sieb gießen wir den farbigen Sud in ein kleines Schraubglas. Auch aus roten oder rosafarbenen Rosenblättern können wir auf die gleiche Weise Malfarbe herstellen.

Variante: Wir raspeln Karotten oder Rote Beete auf einer Haushaltsreibe ganz fein und kochen sie mit einer halben Tasse Wasser 15 Minuten aus. Durch ein Sieb filtern wir den Sud in ein Glas.

Malen, Stempeln, Drucken

Mit unseren selbst gemachten Farben können wir malen, stempeln und drucken. Wir sammeln Vogelfedern mit einem kräftigen Kiel und schrägen ihn mit einem scharfen Messer an. Mit unserer Feder können wir feine Striche und Muster malen. Auch mit kräftigen Gräserrispen können wir wie mit einer Quaste malen. Zum Drucken und Stempeln eignen sich Blätter, Moos und Farn sowie die Blütenköpfe verschiedener Wiesen- und Gartenblumen.

Handgeschöpftes Naturpapier

Blatt für Blatt entstehen nach dem Vorbild des althergebrachten Handwerks aus alten Zeitungen und Wasser kleine Kunstwerke, die sich individuell färben und gestalten lassen.

- Aus engmaschigem, stabilem Fliegengitter schneiden wir etwa postkartengroße Stücke. Alte Zeitungen, Eierkartons oder helle Papierservietten reißen wir in ganz kleine Schnipsel und füllen sie in eine Schüssel mit lauwarmem Wasser. Die Masse lassen wir über Nacht stehen. Am nächsten Tag pürieren wir mit dem Schneidestab des Handmixers den entstandenen Papierbrei. Der Brei muss dünn sein, evtl. müssen wir noch ein wenig Wasser zufügen.

- Den Papierbrei färben wir mit Naturfarbe, die wir selbst gewonnen haben, oder mit Farbpulver.

- Wir legen ein Stück Fliegengitter auf unsere Hand und fahren damit langsam durch den Papierbrei, der in den feinen Maschen hängen-

bleibt. Vorsichtig heben wir nun das Gitter heraus und bewegen die Masse darauf langsam hin und her.

- Wir legen ein Schwammtuch (festes Spültuch) auf einen Packen Zeitungspapier oder auf ein dickes Frotteehandtuch. Dann heben wir das Fliegengitter mit der Papiermasse auf das Tuch und legen ein zweites Schwammtuch darüber. Mit einem Nudelholz rollen wir nun über die Tücher und pressen das Wasser heraus.

- Das Gitter lässt sich nun von der Papierschicht abheben und wir können sie vorsichtig vom Tuch lösen und zum Trocknen auf eine Leine hängen.

Gestalten mit Naturpapier

In das frisch geschöpfte Papier können wir mit dem Nudelholz getrocknete Blüten, Rosenblätter, ausgefallene Blätter von Bäumen und Sträuchern oder Samen von Sommerblumen (Ringelblumen, Löwenmäulchen, Mohn etc.) einarbeiten. Das geht am besten, wenn wir die Blüten etc. auf die frisch geschöpfte Masse legen, eine ganz dünne Lage Papierbrei darübergeben und erst dann das Wasser wie oben beschrieben herauspressen. Die gestalteten Papierstücke können wir auf Briefkarten oder schöne Pappkartons kleben. Kleine, handgeschöpfte Papierstücke, in die wir Samen eingearbeitet haben, hängen wir an ein schönes Band und verschenken sie mit kleinen Tontöpfen. Mit dem Papier können die Samen im Frühjahr in die Erde gelegt werden. Wir lassen uns dann überraschen, welche Blumen daraus hervorkommen.

Meisterspringer im Wiesengras
Zirpende Wiesenbewohner

Heuschrecken

Auf einer sommerlichen Wiese sind sie eher zu hören, als zu sehen - die Grashüpfer mit ihren kräftigen Hinterbeinen. Sie sitzen meist gut versteckt zwischen Wiesengräsern und Blättern und geben vom Morgen bis zum späten Abend gut hörbare, ausdauernd zirpende Laute von sich. Es gibt viele verschiedene Heuschreckenarten unterschiedlicher Größe, Farbe und Gesang. Alle Heuschrecken haben eine gute Tarnung, mit der sie sich im Gras, in der grünen Wiese, im Blätterlaub, im Wald gut verstecken und aufmerksame Tierbeobachter sie erst im Weitsprung entdecken können. Einige Heuschrecken ernähren sich von Gräsern, andere von Insekten. Zu den größten heimischen Singheuschrecken zählen das „Grüne Heupferdchen" und der „Warzenbeißer", die bis zu 5 cm groß werden können.

Rätsel

Durch unsren kleinen Garten
hüpft seit ein paar Tagen
ein Pferdchen klein.
Es kann nicht wiehern
und nicht traben,
es zirpt nur laut,
wer kann das sein?

Heupferdchen

Meister im Wiesenweitsprung

Die Heuschrecke ist kein schreckhaftes Tier, wie ihr Name vermuten lässt, sondern ihr Name stammt von dem althochdeutschen Wort „skrekon", was „springen" bedeutet. Heuschrecken schützen sich bei Gefahr und vor Feinden mit ihren starken Sprungbeinen. Dafür halten sie die Muskeln ihrer Sprungbeine dauerhaft angespannt, indem sie den Unterschenkel am Oberschenkel verdrehen. Bei Gefahr lösen sie die Spannung auf, die Sprungbeine werden plötzlich gestreckt und schleudern die Heuschrecke in hohem Bogen durch die Luft. Einige Heuschreckenarten können noch ihre Flügel beim Weitsprung benutzen und erreichen bis zu drei Meter mit einem Sprung. Heuschrecken können ihren Feinden mit den Hinterbeinen auch kräftige Tritte verpassen, um sie zu verjagen.

Grashüpfer-Wettspringen

Für dieses Spiel bilden wir zwei oder mehrere Mannschaften, die sich in Reihen hintereinander aufstellen. Alle Kinder sind Grashüpfer, die um die Goldmedaille im Wiesenweitsprung kämpfen. Der erste Grashüpfer jeder Mannschaft springt aus dem Stand, so weit er kann. Der zweite Grashüpfer stellt sich an die Stelle, wo der erste Grashüpfer gelandet ist, und springt wieder aus dem Stand, so weit er kann, dann springt der dritte Grashüpfer einer Mannschaft usw., bis alle einmal gesprungen sind. Welche Grashüpfermannschaft ist am weitesten gesprungen?

Kennt ihr nicht den Heupferdchensprung?

(Melodie: volkstümlich/Text: Regina Bestle-Körfer)

Kennt ihr nicht den Heu - pferd-, den Heu - pferd-, den Heu - pferd-, kennt ihr nicht den

Heu - pferd-, den Heu - pferd - chen - sprung? Schaut euch an, wie ich

sprin - gen kann! Das ist eins. Jetzt fängt das Spiel von vor - ne an.
Das ist zwei.
Das ist drei.
(bis sieben.)

Alle Kinder stehen im Kreis. Im Kreis hüpfte ein Kind als Heupferdchen an den anderen Kindern vorüber. Beim Liedteil: »Schaut euch an, wie ich springen kann!« macht das Kind im Kreis sieben Sprünge und das Kind, vor dem es mit dem letzten Sprung stehen bleibt, ist das nächste Heupferdchen.

Zirpkonzert der Sommergeiger

Die Heuschreckenmännchen verbreiten ihr rhythmisches Zirpen, Geigen, Rasseln, Knarzen, Schwirren, Schrammeln im Sommer zur Paarungszeit, um ein Heuschreckenweibchen für sich zu gewinnen. Der zirpende, eindringliche Gesang der Heuschrecken kommt zustande, indem sie die raue Leiste ihrer Hinterbeine an den harten Vorderflügeln reiben. Manche Heuschreckenarten, z. B. das „Grüne Heupferdchen", erzeugen ihren Gesang auch durch Aneinanderreiben der Vorderflügel.

Sommermusik auf der grünen Wiese

- Wir gehen mit den Kindern auf eine Naturwiese und lauschen der Sommermusik, die wir als geräuschvolles Summen, Brummen, Zirpen, Schwirren überall auf der Wiese wahrnehmen.

- Wer erkennt die Musik von Hummel, Biene, Grashüpfer und Frosch?

- Mit einem Kamm, über den wir ein Pergamentpapier legen, können wir zirpende Heuschreckenmusik erzeugen, wenn wir den Kamm vor unsere Lippen legen und das Papier anblasen.

- Wer findet noch mehr Gegenstände oder Instrumente, mit denen man zirpende, summende, rasselnde, schwirrende Wiesengeräusche erzeugen kann?

- Viele Kinder springen mit ihrem Sommerinstrument über die Wiese und spielen gemeinsam ein Wiesenkonzert mit einem Wiesendirigenten, der das Wiesenkonzert anstimmen und beenden darf.

45

Ein blauer Traumgarten

Blaue Blütenwunder

Ein blauer Traumgarten

Die Kinder können einen blauen Traumgarten im Freien selber anlegen.

- Sie schmücken ihn mit blauen Blumen, die sie im Frühjahr und Frühsommer säen und einpflanzen: z. B. Schwertlilien, Vergissmeinnicht im Frühjahr, im Sommer Kornblumen, Rittersporn und blau blühende Kräuter wie Lavendel, Borretsch, Salbei und Ysop, die nicht nur blaue Traumstimmung im Garten verbreiten, sondern auch noch geheimnisvoll duften.

- Schon gewusst? Die Blume mit dem tiefsten Blauton, die in unseren Gärten wächst, ist der Eisenhut. Er gehört aber niemals in Kinderhände und sollte auch nicht in Gärten für Kinder wachsen, da alle Teile des Eisenhuts sehr giftig sind!

- Aus blau bemalten Steinen legen die Kinder geheimnisvolle Wege in ihrem Garten, die sie an verwunschene Gartenplätze führen. Vielleicht zu einem blau bemalten Gartentraumstuhl, der unter einem Obstbaum steht?

- Aus Steinen oder aus Ton bauen und formen sie Tiere. Die Steintiere werden blau angemalt und die Tontiere werden nach dem ersten Brand blau glasiert. In unserem kleinen Garten finden die blauen Traumtiere einen lauschig-sommerlichen Unterschlupf.

Zeit zum Träumen

Blau ist die Farbe des Himmels und die Farbe des Meeres. Sie verbreitet Ruhe, einen kühlen Hauch, beruhigt die Sinne und die Seele. Ein Sommergarten in Blau getaucht scheint die Sommerhitze zu mildern und erfrischt uns beim Betrachten, Verweilen und Träumen. Die Suche nach der „blauen Blume" bedeutete für den Romantiker Novalis zu Beginn des 19. Jahrhunderts die Suche nach Vollkommenheit und Glück. Blaue Blumen in unserem blauen Traumgarten erzählen geheimnisvolle, lustige und vielleicht auch spannende Geschichten, wie die Blumenabenteuergeschichte auf der nächsten Seite.

46

Blauer Blütenstern

Diese Pflanze mit ihren wunderschönen, sternförmigen, blauen Blüten zählt zu den Kräutern und wird wegen ihres gurkenähnlichen Geschmacks auch „Gurkenkraut" oder Borretsch genannt. Borretsch ist eine unkomplizierte einjährige Pflanze, die von April bis Juni ausgesät werden kann und sich im nächsten Jahr gerne selber aussamt. Die jungen, samtweichen Blättchen können regelmäßig geerntet und fein zerhackt als Salatgewürz verwendet werden. Das Schönste am Borretsch sind seine bezaubernd blauen Blüten, die genauso essbar sind wie die Blättchen. Jedes Butterbrot mit einer Borretschblüte verziert wird zu einer kostbaren Delikatesse.

Blaue Erfrischungsträume

Im Sommer draußen im Grünen zu speisen und sich an einem kühlen Getränk zu erfrischen macht auch Kindern viel Spaß. An einem heißen Sommertag zaubern wir aus Borretschblüten einen „blauen Erfrischungstraum". Dafür pflücken wir frische Borretschblüten und legen in jedes Fach einer Eiswürfelplatte eine blaue Blüte. Wir füllen die Eiswürfelplatte mit Wasser auf und stellen sie in das Gefrierfach des Eisschrankes. Wenn die Eiswürfel gefroren sind, bekommt jedes Kind ein Erfrischungsgetränk mit diesem zauberhaften Blüteneiswürfel überreicht.

Kornblumenblau

Die Kornblume zählt eigentlich zu den „Unkräutern" und wächst vorwiegend wild in Weizen- und Roggenfeldern oder an Wegrändern. Wegen ihrer tiefblauen Farbe ist sie jedoch so beliebt, dass sie ein gern gesehener Gast im Bauerngarten ist. Wir brauchen nicht zu warten, bis diese einjährige Feldblume zu uns kommt, wir können sie mit den Kindern auch leicht in Tontöpfe säen, die wir vorher dunkelblau angemalt haben. Viele dunkelblaue Tontöpfe mit blauen Kornblumen stellen wir in einen Kreis und spielen in der Mitte unseres „blauen Gartens" viele blaue Rätselspiele oder lesen eine spannende Blumenabenteuergeschichte vor.

Blaue Rätsel

Die Kinder sitzen in ihrem „blauen Garten" im Kreis. Ein Kind sitzt in der Kreismitte und darf ein „blaues Rätsel" aufgeben. Ein blaues Rätsel beginnt immer mit den Worten: Mein Rätsel ist blau und hat …

… eine Schwanzflosse. Es schwimmt im großen weiten Meer. Was ist das? (Der Blauwal)

… viel Platz für Flugzeuge, Wolken und Sterne. Was ist das? (Der Himmel)

… blaue Federn und kann fliegen. Was ist das? (Die Blaumeise)

… viel Platz für große und kleine Schiffe und Fische. Was ist das? (Das Meer)

Die Kinder denken sich etwas Blaues aus und umschreiben es, ohne das gesuchte Rätselwort zu nennen. Wer das blaue Rätsel im blauen Garten zuerst erraten hat, darf sich für die Kinder im Kreis ein neues blaues Rätsel ausdenken.

Blaue Himmelsfahnen

Die Kinder malen auf weiße Leinen- oder Baumwolltücher das Blau des Himmels mit Stofffarbe aus dem Bastelladen. Sie können auf diese Himmelsfahnen auch Vögel, Schmetterlinge, Flugzeuge, Mücken und überhaupt alles, was fliegt, malen. Wenn die Stofffarbe getrocknet ist, fixieren wir sie mit dem Bügeleisen. Die Kinder können mit ihren blauen, um einen Stock gewickelten Himmelsfahnen durch den Garten laufen, sie in die Erde befestigen oder in die Bäume ihres blauen Gartens hängen. Dort flattern und wehen die Fahnen lustig im Sommerwind.

Spiel und Spaß
im Feen- und Elfenland

Zauberhafte Welten

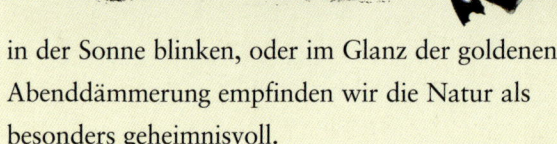

Märchenhafte Wesen

„Glück verbreitet sich in einem Haus, das einen Elf besitzt", so schreiben schon die Gebrüder Grimm. Feen- und Elfengeschichten stammen aus uralten Zeiten, in denen viele Menschen noch eine natürliche Verbindung zu unsichtbaren Welten und Naturgeistern empfanden. Feen und Elfen galten als geschätzte Glücksbringer und Helfer und wir wünschen sie uns manchmal auch heute herbei in unsere Gärten, Wälder und Parks, um mit Fantasie und mit allen Sinnen ihren Zauber in der Natur zu spüren.

Das Märchentor

Bevor wir auf Feen- und Elfensuche gehen, erzählen wir den Kindern, dass wir diese klitzekleinen Wesen nur entdecken können, wenn wir uns nahe zur Erde hinabbeugen. Um ins Feenreich zu gelangen, muss ein jeder Besucher aber erst durch das Märchentor hindurchkrabbeln.

Wir gehen mit den Kindern in die Natur, dorthin, wo es noch verwunschene Plätze im Wald, Park oder Garten gibt. Ein Kind stellt das Märchentor dar und alle Kinder krabbeln durch seine Beine hindurch ins Feenmärchenland. Unsere Feen- und Elfensuche kann beginnen. Dafür schauen wir vorsichtig und leise unter Blätter und Wurzeln, in Blütenkelche und Baumhöhlen hinein. Hat es dort nicht geraschelt? Was glitzert denn da? Im flirrenden Licht des Morgens, mit kleinen Tautropfen, die

in der Sonne blinken, oder im Glanz der goldenen Abenddämmerung empfinden wir die Natur als besonders geheimnisvoll.

Baumgesichter

Es gab Elfen, die in Bäumen lebten. Wer die Rinde eines Baumes genau und lange anschaut, kann vielleicht ein verborgenes Elfengesicht in der Rinde entdecken: die Kontur einer Nase, des Mundes, zwei Augen. Die Kinder suchen ein Stück Rinde auf dem Waldboden und gestalten daraus mit anderen Naturfundstücken (Blätter, Blumen, Nadeln, Stöckchen usw.) ein Elfengesicht.

Geheimnisvoller Feenkreis

Die Feen haben sich auf der Sommerwiese zu einem geheimnisvollen Feenkreis versammelt. Sie haben ein Kind in ihren Kreis gelockt und mit ihren Feengesängen verzaubert. Viele Kinder stehen im Kreis,

sie sind die Feen. Sie summen gemeinsam ein Sommerlied. Ein Kind steht mit geschlossenen oder verbundenen Augen im Kreisinneren. Der Kreis wird an einer Stelle etwas geöffnet, so dass eine Lücke entsteht. Das Kind in der Mitte versucht nun an den Stimmen der Kinder die Lücke im Feenkreis zu finden. Nahe der Lücke summen die Feen sehr leise, die weiter entfernt stehenden Feen summen laut. Kann das gefangene Kind durch aufmerksames Hören die Lücke im geheimnisvollen Feenkreis finden und sich befreien?

Elfenfangen

Für dieses Bewegungsspiel werden vier Kinder, die sich als Zwerge in der Mitte eines Kreises auf dem Boden niederlassen, ausgewählt. Die Zwerge im Elfenreich üben das Schusterhandwerk aus. Dazu hat jeder Zwerg seinen rechten Schuh ausgezogen und klopft damit auf den Boden. Die Elfen tanzen, sich an den Händen haltend, im Kreis um die Zwerge herum und singen ein Lied. Einer der Zwerge hat eine Trillerpfeife im Mund und stößt unvermutet einen Pfiff aus. Die Elfen lassen einander los und laufen fort zu einem vorher vereinbarten, weiter entfernten Baum. Die Zwerge ziehen blitzschnell ihren rechten Schuh an und versuchen die Elfen zu fangen, bevor diese den Baum erreicht haben. Die gefangenen Elfen werden auch zu Zwergen und gehen in der nächsten Runde mit in den Kreis zum Schustern und Fangen.

Wenn das Moosweibchen schläft

Das Moosweibchen hat die ganze Nacht viel zu tun. Es spinnt das Moos unter die Bäume und immer, wenn es beim Spinnen einen glitzernden Edelstein in der Erde findet, versteckt es ihn unter einem frischen Mooskissen, damit die Zwerge die kostbaren Steine nicht finden. Am Morgen legt sich das Moosweibchen erschöpft in sein Moosbettchen und schläft bis zum Abend.

Die Kinder sammeln Mooskissen im Wald. Ein Kind darf das Moosweibchen spielen. Unbeobachtet von den anderen Kindern versteckt es draußen im Garten viele kleine Mooskissen. Unter einige Moospolster legt es jeweils einen glitzernden Glasstein oder eine Murmel. Nun dürfen alle Kinder auf Schatzsuche gehen. Wer die meisten glitzernden Edelsteine findet, darf als Nächstes das Moosweibchen spielen.

Rübezahls Reich

Rübezahl galt in alten Geschichten als der Waldgeist, der mit einem Stab in der Hand in immer neuen Verkleidungen den Wald durchwanderte und überwachte. Die Menschen fürchteten sich vor dem riesigen Waldelf und taten, was er von ihnen verlangte. Ein Kind darf Rübezahl sein. Es steht auf einem Baumstumpf und die anderen Kinder stehen Rübezahl in einer Reihe gegenüber, ca. 20 Schritte von ihm entfernt. Die Kinder versuchen durch abwechselndes Fragen sich Rübezahl zu nähern. „Rübezahl, wie viele Schritte darf ich gehen?" Rübezahl antwortet zum Beispiel: „Du darfst vier Gänsefüßchen gehen", oder „du darfst zwei Riesensprünge machen". Bevor die Kinder tun, was Rübezahl erlaubt hat, müssen sie jedoch nochmals fragen: „Darf ich?" Wer jedoch vergisst, nochmals um Erlaubnis zu fragen und sofort losspringt, bekommt von Rübezahl eine Strafe. Er muss die erlaubten Schritte und Sprünge rückwärts anstatt vorwärts gehen. Das Kind, das zuerst mit seinen Füßen die Fußspitze von Rübezahl berührt, ist Sieger des Spiels und darf in der nächsten Spielrunde Rübezahl sein.

Ein Sommer-Feenabenteuer

Es ist Sommer geworden. Jeden Morgen erwacht Amaryllis, die kleine Blumenfee, schon vor Sonnenaufgang. Sie springt putzmunter aus ihrem Blätterbett und spritzt sich fröhlich ein paar Tautropfen in ihr zartes Feengesicht. Dann frühstückt sie mit ihren Feeneltern in der Wurzelhöhlenküche.

Die Sonne geht auf und schon klopfen ihre Sonnenstrahlenfreundinnen ans Fenster der Wurzelhöhle. Amaryllis packt ihre Blumenschatzkiste mit den winzig kleinen Blumensamen in ihr Weidenkörbchen und bittet

ihre Feenmama um ein paar Rosenblätterkekse für ein Picknick im Grünen. „Hast du deine Grasflöte umgehängt?", ruft ihre Feenmama aus der Wurzelhöhle. Es ist eine Zauberflöte, mit der Amaryllis unsichtbar wird, wenn sie auf ihr spielt. Amaryllis schickt ihrer Feenmama einen Abschiedskuss durch die Luft, flötet ein lustiges Feenliedchen auf ihrer Grasflöte und schwebt wie ein unsichtbarer Engel davon.

An diesem schönen Sommertag zaubern Amaryllis und ihre Sonnenstrahlenfreundinnen zwischen grünem Gras und grünem Farn einen Blütenteppich aus weißen Margeriten, gelben Sonnenröschen und rotem Klatschmohn. Weil Zaubern so müde macht, setzen sie sich zu einer kleinen Zauberpause mitten in ihre gerade gezauberte Blumenwiese und lassen sich die Rosenblätterkekse schmecken.

Da verspürt Amaryllis in ihrer Nase ein sonderbares Jucken. Der Duft einer Blume hat sich in ihrer Nase verfangen. „Hatschi, hatschi", Amaryllis muss heftig niesen, und von ihrem süßen Duft angelockt, steht sie plötzlich vor dieser wunderschönen blauen, hochgewachsenen Blume, die sie noch nie zuvor im Feenwald gesehen hat. Neugierig klettert sie den Blütenstängel empor und schaut tief ins Innere der blauen Wunderblume hinein. Sie erblickt einen schmalen Weg, der an einem goldenen Tor endet. Vorsichtig betritt sie den samtig weichen

Weg, bis plötzlich ein so lautes Brummen ertönt, dass die ganze Blume erzittert. „Du brummst aber laut!", ruft Amaryllis erleichtert, als sie die Hummel Hilda erkennt. „Sonst hört mich ja niemand", brummt Hilda und das goldene Tor öffnet sich wie von selbst. Die Hummel Hilda ist verschwunden. Amaryllis klatscht begeistert in ihre kleinen Feenhände. Sie kann sich gar nicht satt sehen an dem wunderschönen, duftigen Traumgarten, der im Herzen der blauen Blume vor ihr liegt. Das muss der Königsgarten des Elfenkönigs sein. In der Mitte des Traumgartens glitzert ein Bächlein und ein schneeweißer Schwan schwimmt lautlos über das kristallklare Wasser. „Komm, steig auf meinen Rücken, kleine Fee", sagt der weiße Schwan, „ich zeige dir, wo Iris ist." Amaryllis klettert auf den Rücken des Schwans und wartet gespannt, wer das unbekannte Wesen mit dem schönen Namen sein mag. Die traumhafte Wasserreise auf dem weißen Schwan endet im Schlossgraben eines prächtigen Elfenschlosses. Der Schwan schenkt Amaryllis eine glänzend-weiße Feder aus seinem Federkleid und flüstert ihr zum Abschied ein Geheimnis in ihr Feenohr: „Nach sieben goldenen Türen wirst du Iris finden." Dann schwimmt er davon.

Als Amaryllis vor dem großen, goldenen Schlosstor steht, ist es verschlossen. Doch da erinnert sie sich an die weiße Feder des Schwans. Sie berührt mit der Schwanenfeder das Türschloss und wie durch Zauberei öffnet sich zuerst das schwere Schlosstor. Amaryllis entdeckt eine weitere goldene, verschlossene Tür und öffnet diese ebenso wie die nächsten fünf goldenen Türen mit ihrer weißen Zauberfeder. Als sich die siebte goldene Tür öffnet, sieht Amaryllis eine kleine traurige Elfenprinzessin mit einer strahlenden Blütenkrone an einem kleinen Fenster sitzen.

„Du musst Iris sein!" sagt Amaryllis froh. „Warum sitzt du so alleine in diesem goldenen Zimmer? Komm lieber mit mir nach draußen auf die Wiese Blumen zaubern. Die Sonne wird dir gut tun!" Die traurige Elfenprinzessin seufzt: „Ach, die Sonne würde mir schon gefallen, aber die böse Mooshexe lauert überall. Sie lockt kleine Feenprinzessinnen in ihr unterirdisches Reich! Wen sie einmal gefangen hat, den gibt sie niemals mehr frei. Ich kann nicht mit dir gehen. Es ist zu gefährlich draußen, hat mein Vater gesagt. Ich darf das Elfenschloss nicht ohne ihn verlassen." Amaryllis wird selbst ganz traurig, als sie Iris Geschichte hört. Da kommt ihr plötzlich ein wunderbarer Feengedanke: „Meine Grasflöte wird dich beschützen, wenn wir zusammen sind. Du brauchst mir nur deine Hand zu geben. Ich spiele auf meiner Flöte, wir werden unsichtbar und die Mooshexe wird dich niemals erwischen." Als Iris, die kleine Elfenprinzessin, das hört, rollen zwei Freudentränen über ihr blasses Prinzessinnengesicht, und sie laufen los.

Ein paar lustige Zauberstunden auf der bunten Wiese sind schnell vorübergegangen. Kurz vor Sonnenuntergang bringt Amaryllis ihre neue Freundin Iris unbemerkt ins Elfenschloss zurück. Iris ist glücklich, ihr Gesicht leuchtet vor Freude und zum Dank schenkt sie Amaryllis ein kleines goldenes Schatzkistchen mit einem kostbaren winzigen Blumensamen auf einem purpurroten Kissen. Amaryllis hat seit diesem Abenteuer in der blauen Blume eine richtige Prinzessin zur Freundin und einen Blumensamen, mit dem sie die schönste blaue Blume zaubern kann – die Iris.

Regina Bestle-Körfer

Süße Kirschen ess ich gern

Knackige Leckereien

Ausgereift

Im Sommermonat Juli werden die Kirschen reif, die mit ihrem süß-saftigen oder sauren Fruchtfleisch unsere Geschmackssinne erfreuen. Es gibt süße und saure Kirschen in verschiedenen Farben, je nach Sorte sind sie gelblich, hell- bis dunkelrot oder beinahe schwarz. Die Süß- und Sauerkirschen sind das erste reife Steinobst im Jahr und sie verführen uns zu allerlei sinnlichen, süßen Genüssen wie Kuchen, Marmeladen, Kompott, Saft und Pfannkuchen.

Kirschstreuselkuchen

Für diesen Rührteig werden 125 g Butter oder Margarine mit 125 g Zucker, 2 bis 3 Eiern, einer Prise Salz, dem Saft einer ausgepressten Zitrone sowie 200 g Weizenmehl, 2 gestrichenen TL Weinsteinbackpulver und 4 EL Milch in einer Rührschüssel mit dem Mixer zu einem glatten Teig geknetet. Den Teig in eine gefettete Springform füllen und mit süßen oder sauren Kirschen belegen. Für die Streusel werden 150 g Mehl mit 75 g Zucker, 1 Päckchen Vanillinzucker und 75 g Butter vermengt und zu Streuseln verarbeitet. Wenn die Streusel schön krümelig sind (am besten mit den Händen krümelig kneten), auf den Teig mit den Kirschen streuen und im Backofen 40 bis 50 Minuten bei 175 bis 195 °C backen. Für ein Backblech Kirschstreuselkuchen benötigen wir die doppelte Zutatenmenge.

Kirschensommerspaß

- Kirschen, die als Paare an einem Stängel zusammengewachsen sind, können wir als sommerlich fruchtigen Ohrschmuck an unsere Ohren hängen.
- Wir spielen Kirschenessen und Kirschkernweitspucken im Freien, von einer gemeinsamen Startlinie aus. Wer spuckt seinen Kern am weitesten?
- Alle versuchen, ihren Kirschkern möglichst nah an eine am Boden liegende Kirsche zu spucken. Welcher Kern liegt der Kirsche am nächsten?
- Wir versuchen, den Kirschkern in eine leerstehende Schüssel zu spucken.

Kirschkernkissen

Wir sammeln viele Kirschkerne, reinigen sie gründlich und füllen kleine Stoffsäckchen oder Waschlappen mit den Kirschkernen. Die Säckchen werden zugenäht und können als trockene Wärmeflasche verwendet werden, bei leichten Bauch- oder Rückenschmerzen. Da Kirschkerne Wärme sehr gut speichern, können wir sie im Backofen bei 100 Grad für ca. 10 Minuten oder kurz in der Mikrowelle erwärmen. Bevor wir sie auf die schmerzende Stelle legen, müssen wir kurz überprüfen, ob sie nicht zu heiß geworden sind. Das Gesicht oder der Handrücken geben einen guten Hinweis, ob das Kirschkernkissen eine angenehme Temperatur hat.

Grün ist der Kirschbaum

Melodie und Text volkstümlich

Ju - ja! Grün ist der Kir - schen - baum. Ju - ja! Grün ist der Baum.

2. Juja! Bald blüht der Kirschenbaum. Juja! Bald blüht der Baum!
3. Juja! Wo steht der Kirschenbaum? Juja! Draußen auf der Wies.
4. Juja! Mir schmecken Kirschen gut. Juja! Kirschen sind süß.

Kirschkernratespiel

Wir spielen mit den Kirschkernen ein schwieriges Ratespiel. Dafür benötigen wir mehrere leere, schwarze Filmdosen und eine Schüssel mit gereinigten Kirschkernen. Ein Kind beginnt und darf, für die anderen Kinder nicht sichtbar, aus der Schüssel eine Anzahl Kirschkerne seiner Wahl in eine leere Filmdose füllen. Der Deckel der Filmdose wird verschlossen und nun wird die Dose im Kreis von Hand zu Hand weitergegeben. Die Kinder versuchen durch Schütteln der Filmdose herauszufinden, wie viele Kerne sich in der Dose befinden. Es darf jetzt einfach geschätzt werden. Oder wir verlängern die Ratezeit, indem jedes ratende Kind selbst eine Dose mit Kirschkernen füllt und mit der Rätseldose durch Schütteln vergleicht. Wer die Anzahl der Kirschkerne erraten hat oder wer am nächsten mit seiner Schätzung liegt, darf das nächste Kirschkernratespiel aufgeben.

Im grünen Sommerlicht des Waldes

Farn und Moos

Kühle Oase in sommerlicher Hitze

Im Sommer, wenn es in den Straßen und Häusern warm und schwül geworden ist, genießen wir die Wohltat des kühlen Waldes. Im Wald ist es immer etwas kühler als auf dem Feld und auf den Wiesen, da die Blätter der Bäume und Sträucher ständig Feuchtigkeit abgeben. Die Feuchtigkeit verdunstet in der Sonnenwärme und transportiert dabei etwas von der Wärme ab. Im grünen Licht des sommerlichen Waldes, dort, wo es schattig und feucht ist, fällt jetzt besonders das saftige Grün der verschiedenen Farne und Moose auf. An manchen Stellen sprießen richtige Farnwälder und weiches Moos lädt wie ein sanftes Kissen auf dem Waldboden, auf umgekippten Bäumen und auf Felsen und Steinen zum Ruhen und Träumen ein. Die verschiedenen Moosarten bieten einer Vielzahl von Klein- und Kleinstlebewesen Unterschlupf.

Auf Farnsuche

Farn gibt es in verschiedenen Größen und Formen. Manche Farnwedel werden so groß, dass wir uns darunter setzen können, andere sind so klein, dass nur ein Zwerg darunter passen würde. Besonders interessant sehen junge Farnblätter aus, die wie eine Spirale aufgerollt sind und sich nach und nach wie von Zauberhand zu ihrer vollen Größe entfalten. Wir suchen verschiedene Farnblätter und schauen, wie unterschiedlich die Blätter geformt sind, betrachten die Sporen, die bei manchen Farnarten auf der Blattunterseite zu sehen sind, fühlen, wie weich und zart ein Farnwedel sein kann und versuchen, den größten und kleinsten Farn aufzuspüren.

Drucken mit Farn

Wir stellen Wasser- oder Temperafarbe in verschiedenen Grüntönen bereit. Mit einem Pinsel oder einem Wattebausch bestreichen oder betupfen wir damit frischen Farn. Auf großen Papierbögen lassen sich nun schöne Druckbilder herstellen, auf denen die feine Struktur der Farnwedel besonders gut zu sehen ist. Wenn wir unsere Abdrücke kreuz und quer übereinander setzen und mit einem eingestrichenen Blatt mehrmals hintereinander drucken, entsteht ein Farn-Urwald.

Mit grüner, hautverträglicher Schminke bestrichen, können wir mit den Farnblättern auch unser Gesicht, unsere Arme oder unsere Beine bedrucken. Wer mag, kann sich mit dieser Verkleidung mitten zwischen den Farnen verstecken und sich suchen lassen.

Farn

Der Glaube an die Zauberwirkung von Farnkraut und Farnsamen – Sporen genannt – hat Jahrhunderte lang solche Ausmaße angenommen, dass es immer wieder verboten wurde, sich Farnkraut zu beschaffen. Wer sich mit Farnkraut beschäftigte, wurde oft der Hexerei bezichtigt und musste mit Strafe rechnen. So glaubte man zum Beispiel, dass Farnkraut und Farnsporen Wohlstand bescheren: Ein paar Münzen zusammen mit Farnwedeln vergraben, die voller Sporen sitzen, sollte den Geldbeutel füllen. Erfahrene Soldaten wussten: Steckst du vor die Brust ein Päckchen mit Farnkrautsamen, so bist du unsichtbar für den Feind. „Der hat Farnsamen geholt!", sagte man in Schwaben über Leute, denen einfach alles gelang.

Waldrestaurant

Eine lichte Stelle im Wald, an der sehr viel Farn wächst, ist der geeignete Ort für ein Waldrestaurant. Aus gesammelten Stöcken, die wir in die Erde stecken, konstruieren wir ein Gerüst und verbinden die Grundform durch weitere Äste, die wir mit Kordel fixieren; so entsteht eine Hütte oder ein kleines Haus. Das Dach wird mit Farnwedeln gedeckt und die „Mauern" mit Farnwedeln verkleidet. Ein dicker Stein oder ein Baumstumpf dienen als Tisch, große Blätter oder Rindenstücke sind die Teller. Aus Ästen, die wir abschälen, werden Messer, Gabeln und Löffel, kleinere Farnwedel sind Servietten oder Platzsets. In diesem Restaurant können wir verschiedene „Spezialitäten" anbieten. Wie wäre es mit Blattrouladen im Tannennadelbett, mit einem gemischten Salat nach „Waldesart" oder einer schmackhaften Waldfrüchtesuppe?

Legebilder aus Moos

An einer moosreichen Stelle des Waldes können wir viele verschiedene Moose finden und sie vorsichtig von ihrem Untergrund lösen. Wir beobachten, ob wir dabei kleine Tiere entdecken, die sich im Moos oder in der feuchten Erde an der Unterseite versteckt haben. Das Moos breiten wir auf einem Bettlaken oder einer Decke aus, schauen es uns genau an und erzählen, wo wir es gefunden haben. Wir denken uns lustige Namen für das Moos aus: Feenmoos, Zwergenmützenmoos, Streichelweichmoos usw. Mit den Moosstückchen legen wir auf dem Waldboden Muster, gestalten einen Baum, eine Blume oder einen Pilz nur aus Moos.

Klitzekleine Waldbewohner

Ameisen

Waldpolizisten

Ameisen leben in großen Völkern zusammen. Jeder Ameisenstaat hat eine oder mehrere Königinnen, die die Aufgabe haben, für Nachwuchs zu sorgen. Die Arbeiterinnen kümmern sich um Nahrung für Königin und Larven, die sie pausenlos füttern, gleichzeitig halten sie das Ameisennest sauber. Die meisten Ameisen leben in unterirdischen Bauten mit zahlreichen Gängen und Kammern; nur ein kleiner Teil des Nestes ist etwa bei den Waldameisen als Hügel sichtbar. Sie ernähren sich sowohl von tierischer als auch von pflanzlicher Nahrung: Früchte, Samen, Wurzeln, kleine Insekten. Waldameisen sind ganz besonders nützliche Insekten. Man nennt sie auch die „Polizei des Waldes". Sie helfen dem Förster, indem sie Unmengen von Baum- und Waldschädlingen vertilgen. Sie reinigen den Wald auch von toten und verwesenden Tieren.

Beobachten

Ameisen reagieren auf Erschütterung, z. B. auf das Stampfen unserer Füße. Wenn wir uns leise verhalten, können wir ganz nahe an einen Ameisenbau oder eine Ameisenstraße herangehen, ohne die Ameisen bei ihrer Arbeit zu stören.
Wenn wir dann genau hinschauen, sehen wir, dass jede Ameise einer bestimmten Arbeit nachgeht: Manche tragen die Larven weg, in denen kleine Ameisen heranwachsen, andere sichern als Wächter den Platz und eine ganze Menge Ameisen sind mit dem Ausbessern und Erweitern des Ameisenbaus beschäftigt. Über viele Straßen rund um das Ameisennest schleppen sie in mühevoller Kleinarbeit Baumaterial, aber auch Futter in den Ameisenhaufen. Wenn wir ganz still sind, können wir die Ameisen auch hören: das feine Knistern, das tausend kleine Ameisenbeinchen erzeugen.

Ameisenzauberei

Nahe an den Ameisenhaufen heran oder mitten in eine Ameisenstraße legen wir eine violettfarbene Blüte, z. B. eine Glockenblume. Diesen „Eindringling" bespritzen die Ameisen mit einer Säure – und hokuspokus färbt sich die Blüte rot! In einer Giftdrüse an ihrem Hinterleib bilden die Ameisen ein Sekret, das sie ausstoßen, wenn sie sich verteidigen müssen, die Ameisensäure.

Ameisen anlocken

Auf den Boden legen wir ein Blatt Papier und streichen Zuckerwasser (1 EL Zucker in etwas Wasser gelöst) in Schlangenlinien, Strichen oder Kreisen mit einem Pinsel darauf. Das bemalte Papier legen wir vorsichtig in die Nähe einer Ameisenstraße oder eines Ameisenbaus. Leise beobachten wir, was passiert. Sammeln alle Ameisen den Zucker auf oder gibt es auch welche, die diese süße Köstlichkeit gar nicht beachten, sondern sich mit anderen Aufgaben beschäftigen?

Schnupperspiel

Die einzelnen Ameisenvölker erkennen sich an ihrem ausgeprägten, individuellen Duft. Und nur die Ameisen mit diesem „Familienduft" werden von den Wächtern des Ameisenbaus eingelassen.
Wir spielen Ameisen. Vier Kinder sind Wächter am Ameisenbau, etwa an einem Baum oder einem Strauch. Jeder Wächter erhält eine kleine Schachtel, in der auf einem Wattebausch ein besonderer, unverwechselbarer Duftstoff steckt, z. B. einige Tropfen reines Zitronen-, Orangen-, Rosen- oder Lavendelöl. Die übrigen Ameisen bekommen auf einem Wattebausch eine der Duftmarken in die Hand und versuchen nun durch Schnuppern bei den Wächtern ihren Ameisenbau ausfindig zu machen.

Ameisenspiel

Bevor das Spiel beginnt, sammeln wir viele kleine Holzstückchen und Ästchen und legen sie in einen Korb oder breiten sie auf einem Tuch aus. Zwei Mannschaften mit etwa sechs Kindern müssen nun aus dem gesammelten Material einen Ameisenhaufen errichten: Drei der Kinder laufen dabei immer hin und her und schaffen das Baumaterial zum Ameisenhaufen. Dabei dürfen sie in jeder Hand aber nur ein Holzstück oder einen Zweig halten. Die anderen Kinder sind die Baumeister und schichten die Äste zu einem möglichst stabilen Hügel auf. Welche Gruppe schafft es in einer zuvor festgelegten Zeit, den höchsten Ameisenhaufen aufzuschichten?

Schlepperei

Manchmal ist das Baumaterial oder die Nahrungsbeute der Ameisen so groß, dass sie den Gegenstand nur mit vereinten Kräften in den Ameisenbau schleppen können.
Wir bilden zwei Mannschaften mit mindestens 6 Kindern. Über eine festgelegte Strecke transportieren nun immer zwei Mitspieler einen Ast zum Ameisenhaufen. Dazu gehen sie in den Vierfüßlerstand, legen sich den Ast auf den Rücken und krabbeln dann gemeinsam los, ohne dass der Ast herunterfällt. Welche Mannschaft hat diese Aufgabe zuerst gelöst?

Gebrabbel und Gekrabbel

Wenn Ameisen über den Waldboden laufen
dann hör ich sie manchmal keuchen und schnaufen.
Sie müssen schwer schleppen, sie plagen sich sehr
und laufen den ganzen Tag hin und her.

Sie bauen sich Straßen, sie haben ein Haus,
da krabbeln sie munter hinein und hinaus.
So herrscht unterm grünen Waldblätterhimmel
von früh bis spät ein großes Gewimmel.

Annemarie Stollenwerk

57

Wo sich Fuchs und Hase gute Nacht sagen

Räuberleben

Sommerabenteuer

Das kräftige dunkle Grün des sommerlichen Waldes beflügelt die Fantasie: Wer mag dort wohl hausen, wo sich Fuchs und Hase gute Nacht wünschen? Was verbirgt sich in den abgelegenen Winkeln zwischen großen, alten Bäumen? Steht dort nicht ein einsames Räuberhaus? Draußen im Wald ein Räuberleben führen und Räuberabenteuer erleben, das wird ein spannendes Sommererlebnis!

Räuberversteck

Im Park oder im Wald in einem dichten Gebüsch oder zwischen eng zusammenstehenden Bäumen und Sträuchern richten wir unser Räuberversteck ein. Dieses Versteck können wir mit Ästen, die wir gesammelt haben, noch abgrenzen oder besser tarnen, so dass es auf den ersten Blick nicht zu erkennen ist. Das Innere unseres Räuberverstecks können wir mit Moos, Tannenzweigen, weichem Gras u. Ä., aber auch mit Decken und Kissen wohnlich machen. Wenn das Versteck groß genug ist, können wir aus Rinde, aus Ästen oder kleinen Obstkisten auch Möbel bauen, z. B. einen Tisch oder kleine Hocker, auf denen wir sitzen und Räuberpläne schmieden können.

Räuberkleidung

Wir suchen verschiedene Hüte zusammen, aus denen wir mit langen Federn Räuberhüte werden lassen. Am besten eignen sich dafür echte Federn, doch auch aus farbigem Tonpapier, das wir fransig schneiden, können wir Federn basteln und sie an den Hüten befestigen. Mit schwarzer Schminke malen wir uns Stoppelbärte, einen furchterregenden Schnurrbart oder dichte, buschige Augenbrauen. Mit weiten Hosen, Röcken, langen Hemden und Jacken aus der Klamottenkiste wird unser Räuberaussehen vervollständigt.

Räubernamen erfinden

Wir denken uns Räubernamen wie Schwarzer Hein, Kathrin Ohnefurcht, Messerkarl o. Ä. aus. Vielleicht fällt uns auch ein passender Name für eine ganze Räuberbande ein, mit der wir durch den Wald streifen. Wenn alle einen Räubernamen gefunden haben, versammeln wir uns in unserem Räuberversteck und singen gemeinsam das Räuberlied.

Räuberlied

Text: Annemarie Stollenwerk/Melodie: Thomas Pauschert

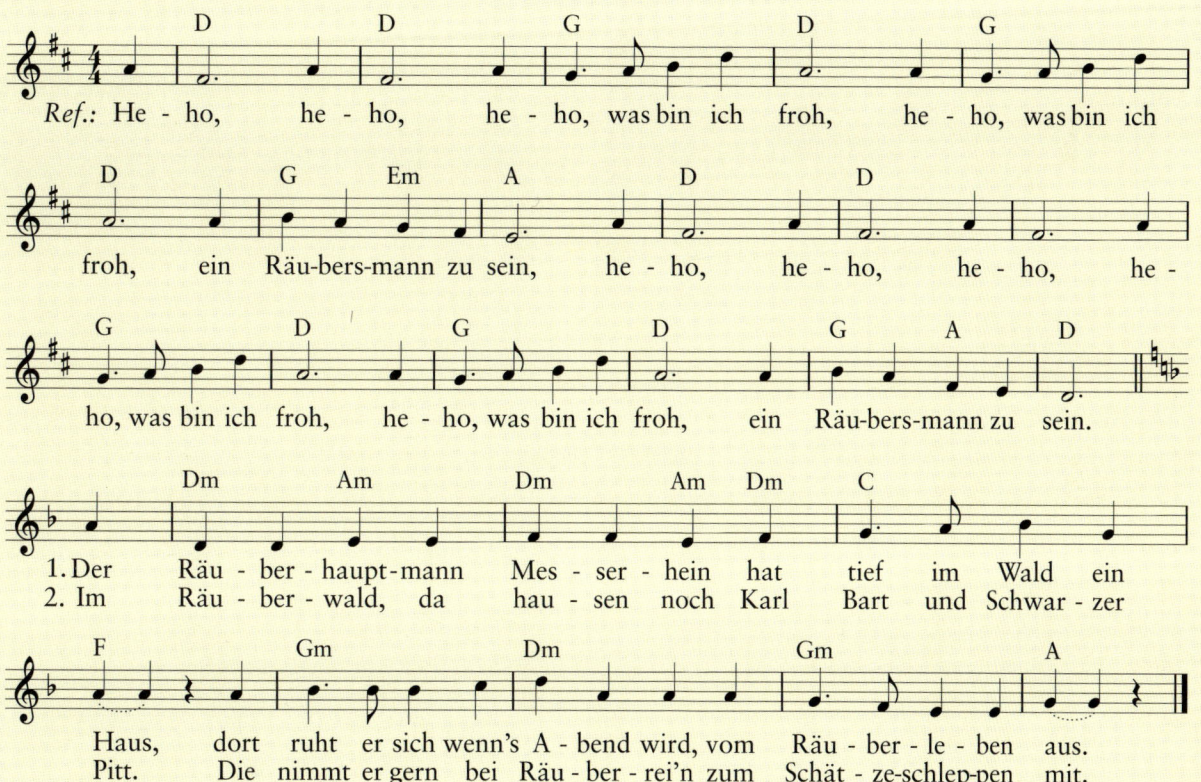

Ref.: He - ho, he - ho, he - ho, was bin ich froh, he - ho, was bin ich froh, ein Räu-bers-mann zu sein, he - ho, he - ho, he - ho, he - ho, was bin ich froh, he - ho, was bin ich froh, ein Räu-bers-mann zu sein.

1. Der Räu - ber - haupt - mann Mes - ser - hein hat tief im Wald ein
2. Im Räu - ber - wald, da hau - sen noch Karl Bart und Schwar - zer

Haus, dort ruht er sich wenn's A - bend wird, vom Räu - ber - le - ben aus.
Pitt. Die nimmt er gern bei Räu - ber - rei'n zum Schät - ze-schlep-pen mit.

3. Sie stopfen sich die Taschen voll mit Klunkern, Gold und Geld,
und fühlen sich wie Könige in ihrer Räuberwelt.

4. Die Räubermesser groß und spitz mit schrecklich scharfen Klingen
die können sie beim Räuberkampf ganz furchterregend schwingen.

5. Doch manchmal wird's im Wald ganz still, die Räuber ruh'n sich aus.
Sie schnarchen laut und hemmungslos im Wald im Räuberhaus.

6 Element Luft

Weißt du, wie der Sommer riecht?

Sommerdüfte

Süßer Blumenduft liegt über Wiesen und Gärten, und blühende Bäume und Sträucher hüllen uns mit ihrem Duft ein. Besonders intensiv duften Rosen, Lavendel, Holunder und Jasmin. Von diesem Wohlgeruch fühlen sich auch Hummeln, Bienen und Schmetterlinge angezogen, wenn sie auf Nektarsuche sind. Gerade geschnittener Rasen riecht frisch und grün. Wiesen, die im warmen Sommersonnenschein gemäht werden, verströmen würzigen Heuduft, den jedoch leider auch schon viele Kinder wegen ihres Heuschnupfens nicht genießen können. Vielen verschiedenen Düften können wir im Sommer auf die Spur kommen, wenn wir uns von unserer Nase herumführen lassen.

Der Sommer riecht nach ...

Wir setzen uns im Kreis auf den Boden. Der Reihe nach beschreiben wir, wie der Sommer riecht. Wir können von angenehmen, aber auch von unangenehmen Düften erzählen, wir können uns von den Plätzen erzählen, an denen wir besondere Sommerdüfte geschnuppert haben. Wir können auch gemeinsam zu den Plätzen gehen, die die einzelnen Kinder beschreiben und gemeinsam erleben, wie der Sommer riecht.

Heu

Wir mähen im Garten den Rasen, rechen das geschnittene Gras zu kleinen Häufchen zusammen und lassen es im Sommersonnenschein trocknen. Mit der Erlaubnis eines Bauern können wir auch ein Stück Futterwiese mit Gräsern, Blumen und Kräutern abmähen. Täglich wenden wir das trocknende Gras und beobachten, wie es sich verändert. Vor allem schnuppern wir mit unseren Nasen, wie das Gras duftet, wenn es frisch geschnitten und wenn es mehrere Tage alt ist.

In alte kleine Kissenbezüge füllen wir eine gute Portion duftendes Heu. Mit diesen Kissen können wir uns draußen oder drinnen hinlegen, ausruhen und Sommerduft-Träume träumen.

Die Königin der Blumen

Es gibt verschiedene Geschichten darüber, wie die Rose, die Königin der Blumen, entstand. In einer griechischen Sage wird erzählt, wie Aphrodite, die schönste aller Göttinnen, einmal auf einen Dorn trat, als sie durch ein Gebüsch lief. Ihr Fuß fing an zu bluten und aus diesem Blutstropfen wuchs die erste rote Rose.

Die Römer waren verrückt nach Rosen und wollten ständig von dem süßen Duft umgeben sein. Deshalb trugen sie gerne Rosenkränze oder Dufttüten bei sich, die mit Rosenblättern gefüllt waren. Wenn sie ein Fest gaben, ließen die reichen Römer den Fußboden ihres Hauses mit Rosenblättern bestreuen. Die Gäste durften auf Kissen sitzen, die mit Rosenblättern gefüllt waren, und man überreichte ihnen an der Tür Rosen, die sie sich ins Haar oder an ihre Gewänder steckten.

Duftseife selbst gemacht

Eine unparfümierte Natur- oder Pflanzenseife raspeln wir auf einer alten Haushaltsreibe in kleine Stücke, füllen diese in eine Metallschüssel oder Konservenbüchse und lassen sie im Wasserbad schmelzen. Wir geben klein gerissene Rosenblätter oder Lavendelblüten hinzu und einige Tropfen Rosen- oder Lavendelöl. Die flüssige Masse gießen wir sofort in Backförmchen aus Metall oder in andere kleine Metallformen und lassen sie aushärten. Schneller geht das, wenn wir die Seifenformen zugedeckt ca. 15 Minuten in den Kühlschrank stellen. Bevor die Seife ganz fest wird, bohren wir mit einer Stricknadel ein Loch in die Masse. Später können wir dann eine Kordel zum Aufhängen der Seife einziehen. Nach dem Festwerden lösen wir die Seife vorsichtig aus der Form, die Kanten können wir noch mit einem feuchten Tuch abrunden.

Duftende Leuchttüten

Mit Butterbrottüten aus Pergament können wir zarte Leuchten fürs Sommerfest oder den Kindergeburtstag basteln. Wir schneiden den oberen Rand der Tüten mit einer Zackenschere oder einer anderen Musterschere in Form, dann stecken wir zwei Tüten ineinander. In den Zwischenraum streuen wir frische Rosenblätter, Lavendelblüten, Jasminblätter oder sonstige duftende Sommerblumen. Zum Schluss stellen wir ein hochwandiges Glas mit einem Teelicht in die Tüte oder hängen sie mit einem bunten Band an eine Lichterkette.

Blütenschale

Eine sehr schöne, aber leider vergängliche Blütenschale entsteht im Eisfach des Kühlschranks oder in der Tiefkühltruhe. Blüten, Blätter und Stängel verschiedener Sommerblumen geben wir zusammen mit Eiswürfeln und kaltem Wasser in eine große Glasschüssel. Die Eiswürfel dienen als Abstandhalter für eine zweite, kleinere Schüssel, die wir in die große hineinstellen. Den entstandenen Zwischenraum füllen wir mit Blüten, Blättern und Wasser bis zum oberen Rand. Nach einigen Stunden ist das Blütenwasser gefroren. Um die Eisschüssel herauszulösen, halten wir die Schüssel unter zimmerwarmes Wasser, bis sie ganz leicht herausgleitet. Die fertige Blütenschale stellen wir in eine große, gekühlte Schüssel. Dort kann sie sich nach und nach in einen sommerlich duftenden Blütensee verwandeln, den wir am Abend noch mit Schwimmkerzen beleuchten können.

Arno aus dem Wind

Arno aus dem Wind hatte es satt. Gerade sah er seinen Schwestern zu, die im warmen Sommerwind hoch über der bunt blühenden Wiese einen neuen Luftgeistertanz probierten. „Schon wieder tanzen, schweben und Wiesenduft atmen!", stöhnte Arno. „Ich möchte Abenteuer erleben. Irgendwo muss es doch etwas anderes zu schnuppern geben als lieblichen Wiesenduft." Er schwang sich purzelbaumschlagend hoch in die Luft und plötzlich erfasste ihn ein heftiger Windstoß. Er konnte sich nicht mehr halten und wurde mit ungeheurer Kraft vorwärts getrieben bis zu einer großen Stadt. Schon oft hatte Arno von den Wipfeln der Bäume aus, die am Rande der bunten Sommerwiese wuchsen, die Kirchtürme und die hohen Häuser in der Ferne gesehen. Und bisher hatte er sich auch an die Ermahnung seiner Eltern gehalten, nicht dorthin zu fliegen. Aber jetzt war das ja etwas anderes. Der Wind hatte ihn fortgetrieben und dagegen konnte sich so ein kleiner, schwacher Luftgeist nicht wehren. Also würde er sich mal ein bisschen zwischen den Häusern umsehen … Arno aus dem Wind purzelte etwas unsanft zu Boden. Er war froh, dass er unsichtbar war. So konnte er unbemerkt um Häuserecken huschen, über Straßen und Bürgersteige schweben und sich unter die vielen Menschen mischen, die in der Stadt unterwegs waren. Er ließ sich treiben – immer seiner Nase nach. Heiß war es zwischen den großen Häusern. Die Sommersonne brannte mit aller Kraft auf den Asphalt und hatte den Teer schon etwas aufgeweicht. Ein strenger, klebriger Geruch lag in der Luft. Doch als Arno um die nächste Ecke bog und mitten auf einer befahrenen Straße landete, musste er sich schnell seine Nase und seine Ohren zuhalten. Denn für einen Luftgeist, der nur Wiesenduft kannte, war der Gestank der Autoabgase kaum zu ertragen! So schnell er konnte, rauschte er davon. Ganz außer Atem ließ er sich im dichten Blätterdach eines Ahornbaumes nieder, den er in einer ruhigen Seitenstraße entdeckt hatte. Den frischen Duft des grünen Laubes atmete er tief ein und nach wenigen Atemzügen ging es ihm besser. Doch schon lockten ihn wieder Stimmen und fremde, geheimnisvolle Gerüche. Er verließ den Baum und näherte sich bunten Schirmen, die wie ein großes Dach den Platz vor der Kirche überspannten. Unter den Schirmen standen voll beladene Tische: Auf dem einen lag ein riesiger Kirschenberg, der süß und einladend duftete, daneben lockten Aprikosen und Pfirsiche mit ihrer samtigen Haut. Einen Stand weiter türmten sich Gemüse und Salat in den verschiedensten Farben, knackig und frisch. In kleinen Körben gab es Champignons und Pfifferlinge, die kräftig nach Wald und Moos rochen. Von der anderen Seite des Marktes zogen Duftwolken von Fisch, gebratenen Würstchen, frisch gebackenem Brot, Käse und in Knoblauch eingelegte Oliven und Paprika zu Arno herüber. Aufgeregt tanzte er zwischen den Ständen herum, schnupperte hier und schnüffelte da und nahm voller Begeisterung die fremden Düfte in sich auf. Er konnte sich gar nicht sattriechen. Schließlich gelang es Arno aus dem Wind, sich von den Duftwolken loszureißen. Wie im Rausch segelte er durch die Luft davon, bis die Stadt etwas stiller wurde. Plötzlich sah er am Boden leuchtend blaue Rechtecke, die in frisches Grün eingebettet waren. Neugierig flog er näher. Die Rechtecke waren Wasserbecken, in denen Kinder und Erwachsene ausgelassen herumtollten oder schwammen. In Arnos Nase drang der Geruch des Schwimmbads. Überall auf der Wiese lagen Handtücher, auf denen große und kleine Leute saßen oder lagen und den Sommersonnenschein genossen. Manche von ihnen bemalten ihre Haut mit einer weißen Flüssigkeit. Sie kitzelte Arno aus dem Wind in der Nase. Er musste kräftig niesen. Erschrocken schaute er sich um. Doch im Schwimmbadgetümmel hatte ihn zum Glück niemand gehört. Arno aus dem Wind ließ das Schwimmbad hinter sich und flog weiter, bis er zu einer Kleingartenanlage kam. Viele Bäume standen hier und in den Beeten blühten bunte Blumen. Der Blumenduft erinnerte ihn an seine Blumenwiese. Und plötzlich hatte er es eilig, nach Hause zu kommen. Er wollte unbedingt von seinen Duftabenteu-

ern erzählen, auch wenn er noch nicht so recht wusste, was seine Eltern zu diesem Ausflug sagen würden. Also schwang er sich hoch in den blauen Sommerhimmel mit den federleichten Schleierwolken und flog in großen Kurven und wilden Schlenkern nach Hause. Mit klopfendem Herzen kam er an der Wiese an. Seine Eltern und seine Schwestern saßen gerade beim Tee. Seine Mutter sprang erleichtert auf: „Gott sei Dank, du bist wieder hier. Wir haben uns schon Sorgen gemacht. Doch wo bist du so lange gewesen?" Arno war sehr erleichtert, dass das befürchtete Donnerwetter ausblieb. Voller Eifer begann er von seinem Ausflug in die Stadt zu erzählen. Seine Eltern und seine Schwestern lauschten mit offenem Mund seinen Duftabenteuern und wünschten sich im Geheimen, sie wären dabei gewesen. Am Abend konnte Arno aus dem Wind lange nicht einschlafen. Still war es auf der Wiese und der sommerliche Duft der Blumen hüllte ihn wie jeden Abend ein. Doch in seiner Nase kribbelten noch die vielen anderen Gerüche um die Wette, die er heute kennen gelernt hatte.

Annemarie Stollenwerk

Im Garten der Düfte

Aus der Apotheke der Natur

Kräuter im Garten

Im saftigen Grün von frischen Kräutern steckt die Energie der Sonne und des Sommers. Mit ihren ätherischen Ölen und reichhaltigen Vitaminen tragen Heil-, Würz- und Küchenkräuter zur Gesunderhaltung und Heilung körperlicher und seelischer Beschwerden bei. Kräuter im Garten eingepflanzt, locken Insekten an, denen sie Nahrung bieten, und tragen zur Gesundheit des Gartenbodens bei. Die meisten Kräuter duften vor ihrer Blüte am intensivsten und ihre Heilkräfte sollen am größten sein, bevor die Sonne ihren sommerlichen Höchststand erreicht hat.

Im Garten der Düfte

Duftende Kräuter in den Händen zerrieben, in einem Duftbeutelchen gesammelt oder ihren Duft bei einem Streifzug durch einen Kräutergarten eingeatmet, sind ein sinnliches Vergnügen mit positiver Wirkung auf die Seele. Kinder empfinden das neugierige Schnuppern oft noch angenehmer als das Schmecken und Probieren der Kräuter, da viele Kräuter für Kinderzungen häufig zu intensiv schmecken. Kräuter im Garten zu pflanzen, ihre Blüten kennen zu lernen, ihre Blättchen zu zupfen und zu trocknen, kann Kindern viel Freude bereiten. Vielleicht entstehen aus spannenden Dufterlebnissen auch bald wahre Kräutergaumenfreuden. Intensive Düfte verbreiten vor allem Lavendel, Pfefferminze, Zitronenmelisse, Liebstöckel (auch Maggikraut genannt), Dill, Basilikum, Kamille und Süßdolde (mit intensivem Lakritzduft).

Kräuter ernten

Am intensivsten schmecken und wirken Kräuter, wenn sie vor dem Verzehr frisch geerntet werden. Das sollte im Sommer die Zeit am Vormittag sein, sobald der morgendliche Tau abgetrocknet ist und die Temperaturen noch nicht zu sehr in die Höhe gestiegen sind. Die Kräuteraromen verflüchtigen sich bei zu großer Hitze und Sonneneinstrahlung. Wenn wir Kräuter trocknen wollen, sollten wir die meisten Kräuter kurz vor ihrer Blüte ernten, um auch ihr volles Aroma zu ernten. Ausnahmen bilden Lavendel, Majoran, Ysop und Bohnenkraut, die mit geöffneten Blüten geerntet werden. Kräuter, deren Samen wir ernten, sind Kümmel, Anis, Gewürzfenchel und Koriander. Auf sie warten wir am längsten, bis zum Ausreifen ihrer Samenstände. Wir hängen unsere geernteten Kräuter zum Trocknen entweder kopfüber auf oder breiten sie locker auf Papier, Stoff- oder einem Holzbrett aus. Der Platz zum Trocknen sollte warm, trocken und luftig sein.

Kräutertüten bedrucken

Aus hellbraunem Packpapier schneiden und falten wir Papiertüten. Wir bepinseln einen Kräuterzweig z. B. Rosmarin- oder Lavendelzweig mit grüner Farbe und drucken ihn auf das Packpapier. Wenn der Abdruck trocken ist, können die Kinder ihre Kräutertüten mit getrockneten Kräutern füllen, mit einem schönen Bändchen aus Naturbast umwickeln und verschenken.

Mit Kräutern heilen

Die heilsame Wirkung der aromatischen Kräutergewächse ist zum Teil seit Jahrhunderten bekannt. Schon im alten Griechenland galten die Aufzeichnungen des Hippokrates als Vorbilder der Kräuterbücher, die später von Mönchen und Nonnen wie z. B. Hildegard von Bingen, von Ärzten wie Paracelsus oder vom Pfarrer Sebastian Kneipp weiterentwickelt wurden. Viele Kräuterwirkstoffe wurden in modernen chemischen Untersuchungen bestätigt und finden nicht nur in der Alternativmedizin zur Heilung von Krankheiten Verwendung.

Breit- und Spitzwegerichblätter

Breit- und Spitzwegerichblätter finden wir im Sommer auf Wiesen, Weiden und am Wegesrand. Die in beiden Pflanze enthaltenen Schleim-, Bitter- und Gerbstoffe machen sie zu einem Wundheilmittel und sie können auch unseren müden Füßen beim Wandern schnelle Linderung verschaffen. Wir legen dazu ein paar Blätter auf die nackten Fußsohlen und ziehen die Schuhe wieder an. Bei Insektenstichen wirken die Säfte des Breit- und Spitzwegerichblattes desinfizierend und wundheilend. Spitzwegerichblätter sind als Tee gekocht auch ein altbewährtes Hustenmittel.

Ringelblumensalbe

Kleine, stumpfe Verletzungen wie Beulen, Prellungen und leichte Verstauchungen können wir mit einer selbst gemachten Ringelblumensalbe behandeln. Dafür benötigen wir 2 EL getrocknete Ringelblumenblüten, die wir in 200 ml Oliven- oder Sonnenblumenöl erhitzen. Sobald sich Bläschen bilden, nehmen wir den Topf vom Herd und lassen ihn über Nacht stehen. Am folgenden Tag erhitzen wir das Öl mit den Blüten erneut und filtern die Blüten dann ab. Zum Öl geben wir 30 bis 40 g gereinigtes Bienenwachs und lassen es unter Rühren schmelzen. Bevor die Masse fest wird, rühren wir 1/2 TL Propolis-Tinktur aus dem Reformhaus ein und füllen sie in saubere Schraubgläser. Unsere selbst gemachte Salbe hält etwa ein Jahr.

Sommersegler
Von Schwalben und Schmetterlingen

Luftakrobaten

Im Sommer ist die Luft voll von kleinen und großen Seglern. Schwalben fliegen mit großer Geschwindigkeit geschickt die waghalsigsten Figuren, sie sind wahre Flugakrobaten. An der Höhe ihres Flugs lässt sich auch das Wetter vorhersagen: Fliegen sie hoch, bleibt das Wetter schön, sind sie im Tiefflug auf Insektenjagd, steht uns Regen ins Haus. Fast schwerelos schweben und segeln Schmetterlinge in warmer Luft. Mit federleichtem Flügelschlag sind sie auf der Suche nach Nektar von Blüte zu Blüte unterwegs und verzaubern uns mit ihrer Zartheit und Farbenpracht.

Mehlschwalben

Ihren Namen verdanken die Mehlschwalben ihrem weißen Bauchgefieder. Sie bauen ihr kunstvolles Nest fast immer an den Außenwänden von Häusern und Stallungen. Dort legen die geschickten Baumeister oft mehrere Nester nebeneinander an – wie eine Reihenhaussiedlung. Zum Nestbau verwenden die Mehlschwalben weichen Schlamm, den sie aus Pfützen oder von den Randzonen von Teichen, Seen und Flüssen zusammentragen. Den Schlamm vermischen sie im Schnabel mit Speichel und kleben dann kleine Kugeln dieser klebrigen Masse in Reihen übereinander, bis ein geschlossener Bau mit einem Schlupfloch am oberen Rand entsteht. Zur Verstärkung des Schlamms benutzen die Schwalben auch Halme, Zweige, Tierhaare oder Kuhmist. Leider fehlt es den Schwalben heute oft an geeignetem Material zum Nestbau, denn viele Feldwege sind asphaltiert. Manche Bauern achten deshalb bewusst darauf, den Schwalben eine Stelle anzubieten, wo sie weichen Lehm finden. In ein gut mit Stroh und Federn gepolstertes Nest legt das Schwalbenweibchen etwa 5 Eier. Sind die Jungen geschlüpft, werden sie von den Eltern mit Unmengen von Insekten gefüttert. Diese fangen die Schwalben während des Fluges mit weit aufgesperrtem Schnabel. In atemberaubendem Tempo fliegen Schwalben bei der Futtersuche um Häuser, über Felder und an Hecken, Waldrändern und Gewässern entlang und fangen dabei eine große Zahl von Schädlingen.

Schwalbennest bauen

An einer Hauswand oder einem Holzbalken versuchen wir ein Schwalbennest nachzubauen. In einer Pfütze oder einer Plastikwanne vermischen wir Lehm oder Ton gründlich mit Wasser und etwas kleingeschnittenem Stroh. Aus diesem natürlichen Baumaterial formen wir kleine Kugeln, die wir aufeinander setzen und etwas verstreichen, bis ein halbkugeliges Nest entstanden ist. Am oberen Rand lassen wir Platz für ein Schlupfloch. In das Schlupfloch können wir, wenn unser Nest hart geworden ist, kleine Schwalbenküken setzen, die wir aus Wollpompons oder Märchenwolle gestalten.

Insektenjagd

An einem oder mehreren Gymnastikreifen befestigen wir mit verschieden langen Wollfäden Papierschnipsel, die Insekten darstellen sollen. Die Reifen hängen wir an einen stabilen Ast oder eine Stange; sie müssen frei schwingen und sich drehen können. Um die Reifen wird mit Kreide ein kleiner Slalomparcours markiert. Auf ein Zeichen hin rennen die ersten Kinder von zwei Mannschaften los und versuchen im Laufen und in einer vorher festgelegten Zeit möglichst viele „Insekten" abzureißen. Wer ist der eifrigste Insektenfänger?

Variante: Aus stabilem Fotokarton basteln wir kleine Spitztüten; sie sind die weit geöffneten Schnäbel der Schwalbeneltern bei der Futtersuche. Mit diesen Tüten stellen wir uns um ein Schwungtuch herum, auf dem kleine Wattekugeln – die Insekten – liegen. Während einige der Mitspieler das Schwungtuch auf und ab schwingen, versuchen andere mit den Schnabeltüten Insekten einzufangen. Nach einiger Zeit wechseln wir die Rollen.

Flatterhafte Wesen

Federleicht und wie kleine Traumwesen gaukeln und schaukeln Schmetterlinge über üppige Wiesen und durch sommerliche Gärten. Von den Blütenblättern aus, die ihnen als Landeplatz dienen, können sie mit Hilfe ihres langen Rüssels süßen Nektar saugen. Von blauen, gelben und rötlichen Blütenfarben fühlen sie sich besonders angezogen. Auf der Wiese sind das z. B. das Wiesenschaumkraut, die Lichtnelke, die Skabiose, die Flockenblume und sämtliche Distelarten. Im Garten besuchen sie häufig Lavendel, Fetthenne, Phlox, Sonnenhut, Petunien und Sommerflieder. Die ganze Schönheit eines Schmetterlings entfaltet sich, wenn er seine Flügel ausbreitet. Bei manchen Arten dient die auffällige Flügelzeichnung auch zur Abschreckung, denn Schmetterlinge sind für andere Tiere eine leichte Beute.

Schmetterlingsgarten

Mit den oben genannten Pflanzen legen wir ein kleines Beet an oder bepflanzen Kübel oder Blumenkästen. Eine ganz besonders anziehende Schmetterlingspflanze ist der meist violett blühende Strauch des Sommerflieders. Es lohnt sich, diesen Strauch im Beet oder Kübel zu halten, denn auf ihn fliegen viele verschiedene Schmetterlingsarten. Wenn sich die ersten flatternden Gäste einstellen, können wir sie in Ruhe beobachten. Vielleicht gelingt es uns, einmal zu sehen, wie ein Schmetterling seinen Rüssel zum Nektarsaugen in eine Blüte taucht.

Sommergewitter
Wenn es blitzt und donnert

Es liegt was in der Luft

Bevor es im Sommer blitzt und donnert, können wir in der Natur am Verhalten von Pflanzen und Tieren und durch das Beobachten der Wolken schon früh erste Anzeichen eines nahenden Gewitters erkennen. Wenn aus zunächst schmalen Wolkenstreifen turmartige Wolkengebilde entstehen, die sich dunkel und stellenweise gelblich verfärben, ist mit einem Gewitter in absehbarer Zeit zu rechnen. Auch Pflanzen, die wegen der hohen Luftfeuchtigkeit ihre Hüllenblätter schließen, zeigen eine Wetterverschlechterung an. Mücken, Bienen und Wespen werden bei Gewitterluft lästig bis angriffslustig und Vögel hören plötzlich auf zu singen. Es herrscht Ruhe vor dem Sturm.

Wetterstation

Wir können mithilfe eines Fichtenzweiges, den wir an einem geschützten Ort im Freien aufhängen, eine Aussage über die Feuchtigkeit der Luft machen. Bei nahendem Gewitter und damit verbunden hoher Luftfeuchtigkeit richten sich die Astspitzen der Fichten nach oben. Bei trockenem Wetter bleiben sie nach unten gerichtet hängen.

Sommergewitter

Besonders im Sommer, wenn an drückend heißen Tagen viel feuchte Luft von der Erde zum Himmel steigt, baut sich ein Wolkenturm am Himmel auf, den die Fachleute als „Cumulonimbuswolke" bezeichnen: Eine Gewitterwolke braut sich am Himmel zusammen. Sie wächst zusehends und sieht wie ein Amboss aus. Im Inneren der Gewitterwolke findet ein aufgeregtes Tanzen und Springen herabfallender und aufsteigender Wassertröpfchen statt. Sie erzeugen starke Luftbewegungen mit elektrischer Ladung, bis sich irgendwann Blitze am Himmel zeigen, die von einer Wolke zur anderen oder von der Gewitterwolke zur Erde springen. Blitze entladen sich mit einer Temperatur von über 30.000 °C und die Luft dehnt sich durch die Hitze des Blitzes explosionsartig aus – der Donner entsteht. Der Donner ist immer später zu hören, als wir den Blitz sehen, weil das Licht schneller ist als der Schall.

Verhalten bei Gewitter

- Bei Gewitter niemals baden oder sich auf Gewässern aufhalten.
- Kirch- und Aussichtstürme meiden.
- Am Waldrand besteht eine größere Gefahr als mitten im Wald.
- Auf freiem Feld sich in einer Erdmulde zusammenkauern, Füße eng geschlossen halten.
- Bester Blitzschutz besteht im völlig geschlossenen Auto.
- In Gebäuden ohne Blitzableiter in der Mitte des Raumes bleiben.

Bauernregeln

- Bei rotem Mond und hellem Stern sind Gewitter gar nicht fern.
- Ist die Spinne träg zum Fangen, Gewitter bald am Himmel hangen.
- Wenn heran Gewitter zieht, schnappt auf der Weid nach Luft das Vieh. Auch wenn's die Nase aufwärts streckt und in die Höh die Schwänze reckt.
- Kriecht die Spinne vom Netz ins Loch, gibt's bei Tage Gewitter noch.
- Nordwind, der im Juni weht, nicht im besten Rufe steht, kommt er an mit kühlem Guss, bald Gewitter folgen muss.

Spinnengewittergeschichte

Eine kleine Krabbelspinne
klettert auf des Burges Zinne.
Sie denkt: Hier oben ist es schön,
vieles kann ich mir ansehn:
Sonne, Mond und Sterne,
leuchten mir aus weiter Ferne.
Und am Himmel brummt ein Flieger,
durchs Gebüsch schleicht leis ein Tiger.
Doch, o Schreck, am Himmelsrand
naht ein schwarzes Wolkenband.
Oh, oh, oh, denkt sie geschwind.
Wenn gleich weht ein frischer Wind,
wird's bestimmt vom Himmel droben
regnen, blitzen und auch toben.
Unsre kleine Krabbelspinne
springt schnell von des Burges Zinne.
Krabbelt vom Gewitterschreck
in ihr sicheres Versteck.
Regina Bestle-Körfer

Fingerspiel

Wir stellen die Spinnengeschichte als Fingerspiel dar. Die ausgestreckte linke Hand ist die Burg mit den fünf Zinnen. Die rechte Hand mit allen fünf Fingern ist die kleine Krabbelspinne, die über den Arm bis hinauf auf die Spitze eines Fingers krabbelt. Sonne, Mond und Sterne aus der Ferne deuten wir an mit der rechten Hand, die an die Stirn gelegt wird; so schauen wir zum Himmel. Den brummenden Flieger stellen wir mit der fliegenden rechten Hand dar und den schleichenden Tiger, indem die rechte Hand über den Tisch schleicht. Die linke Hand bleibt als Burgzinne dabei immer ausgestreckt. Dann stellen wir den Wind dar, indem wir durch beide Hände blasen. Regen verdeutlichen wir mit klopfenden Fingerkuppen auf dem Tisch, einen Blitz malen wir mit dem Zeigerfinger als Zacken in die Luft und den Donner deuten wir an, indem wir einmal laut in die Hände klatschen. Das Ende der Spinnengeschichte spielen wir wie in der Anfangsposition. Die Spinne sitzt auf der Spitze der Burgzinne und krabbelt dann schnell hinab, um in der Handhöhle zu verschwinden.

Gewitterängste

Ein Gewitter gehört zu den Naturerscheinungen, die Kinder sehr beeindrucken und auch ängstigen können. Ausgehend von der Geschichte der kleinen Krabbelspinne, die sich vor Gewitter fürchtet, können wir mit Kindern über Gewitterängste sprechen. Um die eigenen Gewitterängste auszudrücken, spielen wir ein Gewitter auf Instrumenten: Trommeln eignen sich für den Donner; Becken, Triangel und Metallklangstäbe für den Blitz; mit kleinen Rasseln und mit den Fingerspitzen auf einem Tamburin trommelnd können wir prasselnden Regen darstellen.

Vom Wind verweht

Wie Pflanzen ihre Samen verbreiten

Auf Wanderschaft gehen

Mithilfe ihrer fliegenden bzw. durch die Luft schwebenden Samen haben manche Blumen die ganze Welt erobert, etwa der Löwenzahn. Alle Blumen und Gräser der Wiese, alle Sträucher und Bäume in Wald und Feld sind Samenpflanzen. Sie machen das Pflanzenkleid der Erde vielfältig und bunt. Durch sie sorgt die Natur dafür, dass eine Pflanzenart nicht ausstirbt. Wenn aber hunderte „Pflanzenkinder" rund um ihre Eltern herum wachsen würden, hätten sie nicht genug Licht, Wasser und Platz, um leben zu können. Deshalb gehen Samen auf Wanderschaft und verteilen sich übers Land. Dabei sind sie auf wundersame Weise – wie der Löwenzahn mit seinen Schirmchen – für eine manchmal weite Reise gerüstet.

Unterwegs

Sanft wiege ich mich im Sommerwind
doch plötzlich fasst mich ein Windstoß geschwind.
Er lässt mich fliegen über Wiesen und Felder,
trägt mich bis zum Rande der Wälder.
Dann, irgendwann, hört der Wind auf zu wehn,
ich segle nach unten, fange an mich zu drehn.
Auf dem warmen Boden im erdigen Gelände
ist meine Reise schließlich zu Ende.

Annemarie Stollenwerk

Samen sammeln

Wir sammeln verschiedene Pflanzen- und Baumsamen und betrachten sie genau. Manche sind so klein und zart, dass wir eine Lupe zu Hilfe nehmen müssen. Wenn wir draußen im Sommerwind unterwegs sind, können wir feine, leichte Samen (Löwen-

70

zahn, Distel, Waldrebe etc.) mithilfe alter Wollhandschuhe oder Wollsocken aufsammeln; mit feinen Häkchen bleiben diese Samen an der rauen Wollstruktur hängen. Vorsichtig können wir sie dann abpflücken und in eine Schachtel oder Dose geben. An einem windstillen Ort probieren wir in aller Ruhe, welche Flugeigenschaften die einzelnen Samen besitzen. Wenn wir genug geschaut haben, überlassen wir sie dem Wind, der sie in alle Himmelsrichtungen forttragen kann.

Samen

Bei den Samen unterscheidet man zwischen Schleuder- und Flugfrüchten. Bei den Schleuderfrüchten springen die Samenhüllen bei Berührung ruckartig auf und die Samen spritzen wie kleine Feuerwerkskörper oft meterweit durch die Luft, z. B. beim Springkraut, das auch „Rühr-mich-nicht-an-Kräutchen" genannt wird. Flugfrüchte finden wir bei vielen hohen Bäumen. Aus den Kronen der Bäume haben sie einen guten Startplatz und jeder Windstoß kann sie ergreifen und mit sich nehmen. Andere Flugfrüchte sind mit feinen Seidenhaaren ausgestattet. An warmen Sommertagen schweben z. B. die Samen der Disteln mit weißen Haarkronen in kleinen Wolken davon. Löwenzahn und Wiesenbocksbart haben kleine Schirmchen, die schon beim kleinsten Windstoß davongetragen werden. Jeder zusätzliche Ballast würde die Flugreise dieser Samen behindern. Daher sind die Samen nur von einer sehr dünnen Schale umhüllt. Für Vögel und kleine Nagetiere sind sie besondere Leckerbissen. Doch durch die Masse an Samen, die in jedem Jahr auf die Reise geht, ist ein Fortbestehen der Pflanzenarten gewährleistet.

Zauberhafte Dia-Show

Mit einer Dia-Show können wir uns die faszinierende Welt kleiner Samen ganz groß auf eine Leinwand oder eine weiße Wand projizieren. Dazu legen wir mit einer Pinzette oder mit den Fingern vorsichtig verschiedene Baum- und Pflanzensamen zwischen Diarähmchen mit Glasfenstern. Die Rähmchen lassen sich wie andere Dias im Projektor vergrößern. Je feiner und durchscheinender die Samen sind, desto besser kann man sie auf der Leinwand erkennen und bewundern.

Pustespiele

Wir sammeln Distelsamen. Mit ihrer kugeligen Form eignen sie sich gut für ein paar Pustespiele.

Wir legen vorsichtig einen Samen auf unsere Handfläche und pusten ihn leicht an. Sofort schwebt er los und der nächste Mitspieler versucht, ihn wieder auf der Handfläche aufzufangen. So kann der Distelsamen von Hand zu Hand oder im Kreis herum weitergereicht werden, eventuell auch als Wettspiel von zwei Mannschaften.

Wir legen Distelsamen auf einen Tisch und pusten sie vorsichtig hin und her, dabei dürfen sie nicht vom Tisch herunterfallen.

Alle Samen fliegen hoch

Auf ein Bettlaken oder ein Schwungtuch legen wir verschiedene Blumen- und Baumsamen. Behutsam schwingen wir sie auf und ab und beobachten, wie sie im Luftzug des Tuches trudeln, kreiseln, schweben, fliegen und sich drehen. Zum Schluss schwingen wir das Tuch kräftig nach oben und lassen die Samen hoch in die Luft fliegen. Wem gelingt es,

Die Autorinnen

Annemarie Stollenwerk studierte Sozialpädagogik
und war zunächst in der Heimerziehung und später
im sozialen Brennpunkt tätig.
Seit mehr als zehn Jahren arbeitet sie als Autorin
und Redakteurin.

Regina Bestle-Körfer studierte Sozialpädagogik
und arbeitete in einer Frühförderstelle und danach
in einer schulpsychologischen Beratungsstelle.
Seit über zehn Jahren ist sie als Autorin und
Redakteurin tätig.

*Zum Abschluss der Jahres-
zeitenbücher danken wir
dem Christophorus-Verlag
und allen ganz herzlich,
die dazu beigetragen
haben, unsere Ideen so
liebevoll zu gestalten –
vor allem Frau Eisenbarth,
Herrn Hella, Herrn Stiefenhofer und Frau Dr. Reinicke.*

© 2002 Christophorus-Verlag GmbH
Freiburg im Breisgau

Alle Rechte vorbehalten
Printed in Belgium

ISBN 3-419-52934-1

Jede gewerbliche Nutzung der Texte, Abbildungen und Illustrationen
ist nur mit Genehmigung der Urheberinnen und des Verlages gestattet.
Bei Anwendung im Unterricht und in Kursen ist auf dieses Buch
hinzuweisen.

Lektorat: Martin Stiefenhofer

Illustrationen: Pia Eisenbarth

Fotos:
Regina Bestle-Körfer: Seiten 10, 39
Juniors Bildarchiv: Seite 56
Markus Hella: Seiten 14, 42, 66
Ursula Markus: Seiten 4, 16
Ulrich Niehoff: Seiten 6, 25, 36, 40, 46, 53, 60, 64
picture 24: Frank Meier Seite 22; Heinrich
Hecht Seite 26; KOS Seite 34
Toni Schneiders: Seiten 48, 54, 70
Heidi Velten: Seite 9

Umschlaggestaltung: Network!, München
Layout & Satz: HellaDesign, Emmendingen
Notensatz: Nikolaus Veeser, Schallstadt
Herstellung: Proost, Tournhout 2002

Hier zeigen wir Ihnen eine Auswahl unserer beliebten
und erfolgreichen Bücher –
und wir haben noch viele andere im Programm.
Wir informieren Sie gerne, fordern Sie einfach
unser Verlagsprogramm an:

3-419-**52900**-7

3-419-**52912**-0

3-419-**52932**-5

3-419-**52933**-3

3-419-**53592**-9

3-419-**52918**-X

**Bücher für ErzieherInnen,
LehrerInnen und Eltern**

Bücher für Eltern und Familie

Bücher für Kinder

Bücher für Ihre Hobbys

Wir sind für Sie da, wenn Sie Fragen
haben. Und wir interessieren uns
für Ihre eigenen Ideen und Anregungen.
Faxen Sie, schreiben Sie oder rufen Sie
uns an. Wir hören gerne von Ihnen.

Ihr Christophorus-Verlag

CHRISTOPHORUS

Hermann-Herder-Straße 4
79104 Freiburg im Breisgau
Telefon: 07 61 / 27 17–26 8
oder
Fax: 07 61 / 27 17–35 2